काव्यसुधा

मन, मौन और कल्पना का काव्यात्मक संगम।

प्रज्ञा द्विवेदी

|| प्रवर्णिका ||

कुछ लिखा किताबों की गलियों में, कुछ ख्वाबों की धूल में,
कुछ कहा लफ़्ज़ों के लिफाफे में, कुछ सागर की लहरों में।

कुछ दिल के जज़्बातों को लिखा, कुछ आपसी संवादों को,
कुछ उनके हालात को समझा, कुछ समझाने की बातें की।

समर्पण

"काव्यसुधा" – यह केवल एक पुस्तक नहीं, मेरी आत्मा का शब्दरूप है।
मैं इसे श्रद्धासहित अपनी पूज्य माता "श्री मती सुधा द्विवेदी" को समर्पित करती हूँ –
जिनकी गोद ने मुझे संवेदनाओं का पाठ पढ़ाया,
जिनकी मौन प्रार्थनाओं ने मुझे शब्दों का साहस दिया।
जिनकी ममता, सहनशीलता और अनकही प्रेरणाओं ने इस लेखनी को जीवनदान दिया।

"काव्यसुधा" उन्हीं के नाम का प्रतिरूप है।

यह पुस्तक उन पाठकों को भी समर्पित है
जो शब्दों से परे भावों को पढ़ते हैं,
और उन मित्रों को,
जिन्होंने हर मोड़ पर मेरा मनोबल बढ़ाया।

यह मेरा हृदय है – शब्दों में रचा हुआ।

प्रस्तावना

"काव्यसुधा" मेरी उन अनुभूतियों का संकलन है
जो मैंने जीवन के विभिन्न क्षणों में अनुभूत कीं
कभी एकांत में टूटी, तो कभी भीड़ में खिली।
हर कविता एक दिन की कहानी है,
हर पंक्ति मेरे अंतर्मन की प्रतिध्वनि।

यह संग्रह न किसी औपचारिक ज्ञान का परिणाम है,
न किसी विद्वत्तापूर्ण विधा का अनुसरण।
यह तो मात्र एक हृदय का मौन संवाद है
जिसे मैंने काग़ज़ पर उतारा है,
सहज रूप में, सच्ची भावना से।

जीवन के प्रत्येक दिवस ने मुझे कोई न कोई अनुभूति दी,
कभी प्रेम, कभी पीड़ा; कभी मौन, कभी विद्रोह
और उन्हीं अनछुए क्षणों में मेरी लेखनी ने आकार पाया।
यह संग्रह विविध भावों की परिणति है,
जहाँ हर कविता एक दर्पण हैं, स्वयं के भीतर झाँकने का माध्यम।
यह मेरा विनम्र प्रयास है, शब्दों के माध्यम से आत्मा की गहराइयों को स्वर देने का।

भूमिका

इस संग्रह की रचना किसी विधिवत योजना का परिणाम नहीं है।
यह स्वाभाविक प्रवाह में उपजी वे पंक्तियाँ हैं
जो समय-समय पर मेरे अंतर्मन से फूटीं।
लेखन की परंपरागत शैली और मान्यताओं की मुझे सीमित जानकारी है,
किन्तु भावों की सच्चाई ही मेरी सबसे बड़ी पूँजी रही है।
इन कविताओं में न कोई आडंबर है, न अलंकरण की अधिकता
बल्कि यह एक आत्मा की अभिव्यक्ति है।

यह संग्रह मेरी संवेदनाओं की धाराओं के साथ,
हर रचना अलग रंग की है,
कभी विरह की धूप है,
कभी आशा की बूँदें,
तो कभी आत्मचिंतन की गहराइयाँ।

"काव्यसुधा" नाम मैंने अपनी माता के नाम से प्रेरित होकर रखा,
जिन्होंने जीवन की हर कठिनाई में मेरा संबल बनकर साथ दिया।
यह कृति उनका ही प्रतिबिंब हैं,
जिसमें मैंने शब्दों से स्नेह बुना है।

इस कविता संग्रह का कोई क्रम नहीं हैं, जैसे जैसे मेरी भावनाएं जागृत हुई,
मैं उन्हें लिखती गई और इस पुस्तक में कैद करती गई।

पावती (स्वीकृति)

मैं हृदय से आभार प्रकट करती हूँ
उन समस्त मित्रों, मार्गदर्शकों एवं आत्मीयजनों का
जिन्होंने मेरे इस साहित्यिक पथ में
मुझे निरंतर स्नेह, समर्थन और विश्वास प्रदान किया।

आप सभी की प्रेरणा के बिना
"काव्यसुधा" संभव न हो पाती।
मैं उन सभी ऑनलाइन स्रोतों का भी धन्यवाद ज्ञापित करती हूँ
जिन्होंने कठिन शब्दों के चयन में
मुझे सहायता प्रदान की।

आप सभी की संवेदनशील दृष्टि, प्रेरणास्पद शब्दों
और मौन समर्थन ने मेरी लेखनी को संबल प्रदान किया।
इस पथ में आपने जो ऊर्जा दी, वही मेरी पंक्तियों में जीवित है।

आमुख

मैं कोई सुविद्य लेखिका नहीं,
ना ही काव्यशास्त्र की परिपूर्ण ज्ञाता।
मैं तो केवल एक भावुक हृदय हूँ,
जो जीवन की अनकही बातों को शब्दों का आकार देता है।

यह संग्रह मेरी प्रथम रचना है,
जिसे मैंने कोई मानक मानकर नहीं,
बल्कि मन की मौन पुकार सुनकर रचा है।

मेरी इच्छा मात्र इतनी है कि
यदि इस संग्रह की कोई एक पंक्ति भी
किसी पाठक के हृदय को छू सके
तो मेरा लेखन सफल हो जाएगा।

यह संग्रह भावों का संगम है,
जहाँ प्रत्येक कविता जीवन की किसी धारा से निकलकर
शब्दों की शक्ल में पन्नों पर उतर आई है।

भावों की इस गठरी में कुछ टूटे पल हैं, कुछ जिए हुए,
कुछ ख़ामोशियाँ हैं जो चीख़ पड़ीं, कुछ लफ़्ज़ हैं चुपचाप सिए हुए।
हर कविता एक दस्तक है दिल के सूने दरवाज़ों पर,
कुछ सवाल अधूरे हैं, कुछ जवाब आँसुओं से लिखे हुए।
कहीं दर्द है फूलों-सा, कहीं सुकून है काँटों में,
यहाँ हर एहसास है, अपने ही रंगों में पिए हुए।

Follow me on Instagram : @pra_varnika

Dear Readers,

Here is virtual Flower bouque for you before you start reading.

शिव

मेरे जीवन-सरिता के अनंत प्रवाह में,
निखिल चैतन्यस्वरूप तुम एकमात्र आधार हों प्रभु!

मेरे चंचल चित्त की शाश्वत शांति हों तुम,
मेरे शून्य हृदय में प्रेम की किलकारी हों तुम।

विकल वाणी का अव्यक्त स्तुति गान हों तुम,
दग्ध भावनाओं का अमृतमय प्राण हों तुम।

घोर अंधकार में दिव्य प्रभा का संचार हों तुम,
मेरे विचलित चित्त के तुम ही पथ-संचालक हों प्रभु!

मौन क्षणों में भी प्रतिध्वनित मधुर गान हों तुम,
मेरे दग्ध स्वप्नों पर शीतल फुहारों की बरखा हो तुम।

तुमसे ही चंद्र-सूर्य की रश्मि हैं, तुमसे ही समय की धारा,
तुम वेदना का विश्राम, तुम ही जीवन का प्रसार हो प्रभु!

हे निराकार, तुम ही मेरे अस्तित्व का आधार हों,
तुम मेरे भटकते मन का सहज संबल, स्थिर धारा हों प्रभु!

मेरे बाबा ....

एक दफ़ा फिर लौट आओ ना बाबा,
एक दफ़ा फिरसे मेरी ज़िद सुन लो ना।
की अब नहीं करता तरफदारी मेरी, मेरे गलतियों पे कोई,
न करता हैं कोई तारीफ़ आप जैसा,
मेरे हाथों की रोटियों की, यूं बिन खाएं कोई ।
एक दफ़ा फिरसे सर पे हाथ रख दो न,
एक दफ़ा फिरसे गले से लगा लो न आके,
की सुनानी हैं कुछ गुफ्तगू जो बाकी सी रह गई हैं जहन में ।
वो चीज़ अब नहीं होती मेरी जिसपे मैं हाथ रख दूं,
की आप जैसा उसे कोई अब मेरा नहीं करता।
एक दफ़ा फिरसे इक ज़िद पूरी कर दो न मेरी,
एक बार लौटकर आओ ना.....।

27/ 11/ 2023

माँ कहती हैं...

बग़ावत की तस्वीर कैसी होती है?
हां, बिल्कुल मेरे माँ जैसी।

वो सिंदूर से बंधी, पर बंधनों से मुक्त,
होठों पे मुस्कान और पैरों में पायल की बेड़ियां ,
अपने बच्चों के साथ खेलती हुई,
उनको आत्मसम्मान सिखाती हुई स्त्री।

माँ की आँखों में नींद नहीं थी,
पर वह चाहती थी कि मैं सपने देखूँ।
चूल्हे की आँच में जलते हाथों को देख
कहती हैं —
"हाथों की लकीरों से ज़्यादा,
कलम की स्याही मायने रखती है।

माँ कहती है—
"मेरे लिए घर मत रुकना,
इस चौखट को अपनी हद मत बनाना।
तुम बाहर निकलो, आगे बढ़ो,
और पीछे मत मुड़ना कभी।
जिस चक्की के दो पाटों में मैं पीस रही हूँ,
तुम्हें उसमें नहीं पिसना है।"

और मैं सोचती हूं,
क्या कलम की स्याही, किताबों के चंद अक्षर
मुझे गोल रोटियों के चक्रव्यूह से बचा पाएंगी?

किसी ने कहा था, औरत का धर्म है समर्पण,
पर मेरी माँ ने धर्म को अपनी मुट्ठी में थामकर
नए नियम लिख़ें हैं।
और उन नियमों में पहला था— ' स्वयं के लिए जीना।'

जो कि उनके हिस्सें कभी आया ही नहीं
पर वो मुझें सिखलाती हैं,
की सर्वोपरि धर्म होना चाहिए मेरा, मेरे लिए जीना।

जिसे दुनिया ने सहनशीलता कहा,
वो सदियों की घुटन थी।

वो माँ जो चुप रही बरसों,
आज जब बोली, तो दीवारें हिल गईं।
उनके लहज़े में सदियों की चोट थी,
और उनकी आँखों में जलता सूरज।

उनके लहजे में जब पहली बार 'ना' आई,
तो पूरी दुनिया के कानों में बिजली-सी गड़गड़ाहट हुई।
ऊंची इमारतों की नींव हिल गई,
जब पहली बार उन्होंने सिर झुकाने से इनकार किया,
तो इतिहास करवट बदलने लगा।

अगर संघर्ष का कोई चेहरा होता...

कैसा दिखाता होगा संघर्ष करता हुआ पुरुष?

बिल्कुल मेरे पिता जैसे।

माथे पर पसीने की लकीरें,
कंधों पर ज़िम्मेदारियों का पहाड़ उठाए,
अपने दो बच्चों को उड़ना सिखाता हुआ पुरुष।
जेब में सिक्के गिनते हुए भी,
बच्चों के अरमान पूरे करने वाला पुरुष।

पिता की आँखों में सपने थे,
पर उन्होंने उन्हें अपनी पलकों में कैद रखा,
ताकि मेरे सपने खुले आसमान में उड़ सकें।
आधी रात तक जलती लैम्प की रोशनी देख,
कहते—
"अंधेरी रात कितनी भी गहरी हो,
सूरज को निकलने से कोई रोक नहीं सकता।"

ख़ुद की ख्वाहिशों को दरकिनार कर,
हमारे हर छोटे लम्हे में मुस्कान खोजते रहे।
बस हर सवाल का एक जवाब था—
"सब ठीक हो जाएगा, बस तुम आगे बढ़ते रहो।"

पिता के हाथों में पड़े दरारें,
कहानी कहती हैं मेहनत की,
जो लफ्ज़ों में नहीं,
बल्कि उनके थके हुए कंधों में दिखती है।
बचपन में साइकिल का हैंडल थामने वाले हाथ,
अब ज़िन्दगी की हर मुश्किल से थामे खड़े हैं।

वो कभी शिकायत नहीं करते,
पर उनकी आँखें सब कह देती हैं।
कभी डांट में, कभी खामोशी में,
कभी कंधे पर हाथ रखकर,
हर बार प्यार जताने वाला पुरुष।
जिसे शायद हमने कम समझा,
पर जिसने हमें हर पल समझा।

अगर संघर्ष का कोई चेहरा होता,
तो वो मेरे पिता का होता।

गुरु!

जीवन की किताब में पन्ने पलटे अनगिनत बार,
हर सफलता की कहानी में, आया उनका नाम।

हर जीत की कहानी में उनका ही योगदान,
उनके बिना न होती इतनी सुंदर ये पहचान।

सपनों की उड़ान में जब छूने लगे आसमान,
उनके दिए ज्ञान की किरणें बनें मेरा अभिमान।

सपनों की ऊँचाइयों पर जब कदम रखूँगी,
उनकी शिक्षाओं के संग हर सफलता की शुरुआत लिखूँगी।

सफलता के अध्याय में जब नाम लिखूँगी,
हर पंक्ति में सबसे ऊँचा स्थान, गुरु का ही नाम लिखूँगी।

वो स्त्री हैं

क़िस्मत की स्याही से तक़दीर लिखना जानती हैं,
वो स्त्री हैं, जो ख़्वाबों में भी आँधियों से लड़ना जानती हैं।

ख़्वाबों को अपनी हक़ीक़त बनाना जानती है,
वो स्त्री हैं, हर वेदना को दुआ में ढालना जानती हैं।

ज़ंजीरों को पायल बना के चलना जानती हैं,
वो स्त्री हैं, जो पिंजरों में भी अपना आसमाँ बुनती हैं।

सावित्री बन यमराज की दहलीज़ से साँसें छीन लाती हैं।
वो स्त्री हैं, जो ज़हर पी के भी अमृत बनाना जानती है।

पिंजरों की सलाखों से रौशनी चुरा लेती है,
वो स्त्री है, जो कैद में भी परवाज़ लिखा करती है।

हाथों में तलवार लिए वो लक्ष्मीबाई सा इतिहास लिखती हैं,
वो स्त्री हैं, गार्गी बन पुरुषों के अहंकार को झुका देती है।

जब सवाल उठे उसके आत्मसम्मान पर,
वो स्त्री हैं , सीता बन धरा में समाना जानती हैं।

रिवायतों के नक़्श मिटा के चलना जानती हैं,
वो स्त्री हैं, जो तक़दीर भी अपनी शर्तों पे लिखती हैं।

शब्दों के रण में सवालों के तलवार उठाती हैं,
वो स्त्री हैं, जो लफ़्ज़ों में बग़ावत लिखती हैं।

उसकी ख़ामोशी को कमज़ोरी मत समझना,
वो स्त्री हैं, लफ़्ज़ बुनती है, तो इंक़लाब लिखती है।

उसकी मोहब्बत सरहदों में क़ैद नहीं होती,
वो स्त्री हैं, अपने आँचल में पूरी कायनात को पनाह देती है।

सदियों से त्याग और समर्पण के लहज़े में जानी जाती हैं,
वो स्त्री है, जो दुनिया को जीना सिखाती है।

पुरूष

रात की सियाही में खोए कुछ पल,
हर सुबह संघर्षों का चलता है हलचल।

दिल में उमंगें तो हैं पर थकान भी है,
हर जिम्मेदारी में छिपा एक सवाल भी है।

ज़िन्दगी की राह पर कांधे पर बोझ भारी,
हर मोड़ पर जलती मुश्किलों की चिंगारी।

आंखों में सपने, मगर डर भी साथ,
राहें हैं मुश्किल, पर नहीं थमती बात।

कभी उम्मीदें चढ़ती, कभी गिरती हैं,
जिंदगी की लड़ाई में ये लहरें भी मिलती हैं।

ख्वाबों की दुनिया कहीं दूर छूट जाती हैं,
और हकीकत की दीवारें हर रोज़ टूट जाती हैं।

धधकते अंगारों पर चलना, है कठिन चुनौती का तर्पण,
हर ठोकर की पहचान, नई राह का अनुष्ठान।

दूर है समर्पण का स्वर्णिम प्रकाश,
पर हौसला ही हैं तुम्हारा अमूल्य भास।

कदमों की थकान को कभी रोकना नहीं,
सामर्थ्य की कड़ी राह पर, कभी थमना नहीं,
क्यूंकि पुरुष का दूसरा नाम हैं रुकना नहीं...!

तल्ख़ि जुबां की

बड़ी धूल है अपने किरदारों पर,
और कहते हैं आईना साफ नहीं दिखता।

खुद जलाते हैं चराग़ रिश्तों के,
और कहते हैं रोशन जहाँ नहीं दिखता।

खुद डूबे रहते हैं गुनाहों के सागर में,
कहते हैं रहमत का किनारा नहीं मिलता।

ज़ख्म देते हैं हर मोड़ पर किसी के दिल को,
और रोते हैं कि दुआ कभी क़ुबूल नहीं होती।

दिलों में रखते हैं खंजर छुपाकर,
शिक़ायत हैं कि फ़रिश्तों सा किरदार नहीं मिलता।

अपने ही गुनाहों का ज़िक्र नहीं करते,
कहते हैं कि इलाही इंसाफ़ नहीं करता।

बड़ी मसरूफियत है खुदगर्ज़ी के कारोबार में,
इल्ज़ाम हैं कि दुआ कभी क़ुबूल नहीं होती।

हर लफ्ज़ में छुपा रखी है तल्ख़ी ज़ुबां की,
फिर कहते हैं कि किस्मत मेहरबान नहीं होती।

नफ़रतों के ताख़ पर हैं इंसानियत,
और कहते हैं राज़ी परवरदिगार नहीं होता।

विद्यार्थी जीवन की व्यथा

श्रान्त चरण, किंतु पथ से विमुख नहीं,
हृदय में दृढ़ निश्चय, परंतु तन थकित है।

शब्दों की सीढ़ियाँ चढ़ता, आत्मबोध का प्यासा है,
संकट को भी साध बनाकर, चल पड़ा वह आशा है।

हृदय में तृष्णा ज्वाला-सी, किंतु समर्पण शांत बने,
भविष्य की मूरत गढ़ने को, स्वत्व स्वयं पर वार चढ़े।

मनस्विता की पथरीली डगर पर, निष्ठा चरण रखती है,
स्वप्नों के सुवर्ण क्षितिज तक, केवल तपस्या चलती है।

प्रत्येक श्वास में उत्कंठा, प्रत्येक पल में ज्वाला है,
विचारों के समरांगण में, संयम ही शिवाला है।

ज्ञान के मार्ग में धीरज से, सहता है हर कठिन चढ़ाव,
मन में आशा की ज्योति लिए, बढ़ता जाता बिना ठहराव।

हर हार को स्वीकार कर, फिर नूतन प्रयास करता है,
दुःख के तम को चीरकर, खुद में ही प्रकाश भरता है।

विचार-व्यूह में उलझे मन के संकल्प क्षीण न होंता हैं,
संकटों की रात्रि में भी, आलोक का संधान होता हैं।

मस्तिष्क व्याकुल, चित्त विचलित, किंतु न हारा है वह वीर,
ज्ञान-पथिक बन लक्ष्य हेतु, त्याग चुका सुख का समीर।

विलास नहीं, यह व्रतधारी है, विद्यापीठ का हैं व्रती,
अदृश्य व्यथा को पीकर भी, बनता है वह रथी।

अश्रु छिपाकर मुस्काए वह, तप की रेखा ललाट पे है,
त्याग, तपस्या, धैर्य, विधा – सबकी छवि उस भ्रांत पे है।

पग-पग पर काँटे मिलते हैं, फिर भी पथ से हटता नहीं,
वह छात्र नहीं, युग निर्माता है, जो थक कर भी रुकता नहीं।

क्षण से अनन्त तक

क्षणभंगुर देह, अमर चेतना,
साँसों में लिपटी जीवन रचना।
स्वल्पप्रभा-छाया सम जीवन की गति,
प्रत्येक वक्रपथ पर नवीन कथा की सृजनशक्ति।

नियति की रेखाएँ हाथों में लिपटीं,
कर्मपथ की राहों में आशाएँ सिमटीं।
दुःख-वेदना तपश्चर्या-सोपान बन जाती,
स्मृतिचित्रा मनोमन्दिर में अलंकारतां पाती।

माया के भ्रम में उलझा हर प्राणी,
ढूँढता है सुख की एक क्षणिक कहानी।
क्षणभंगुर जीवन में अनन्त भाव समाते,
मौन अधरों से भी असंख्य गीत गूँज जाते।

छलछलाते नयनों में अनकहे स्वप्न पलते,
और नीरव रात्रि में भी दिव्य दीप जलते।
भावों की तरलता में मन के स्वर मचलते,
निशब्द पलों में भी नव संकल्प फलते।

प्रहरों की छाया में पलते हैं स्वप्न हजार,
हर पतझड़ के बाद खिलते हैं नव बहार।
संघर्षों की छांव में मिलता है आत्माधिकार,
विपदा की गोद में छुपा होता है उपहार।

जो व्यर्थ प्रतीत हो, वह भी अर्थवान बन जाए,
यदि मन आत्मबोध की ओर एक पग बढ़ाए।
पीड़ा, प्रेम, प्रयत्न और प्रज्ञा का मेल,
यही है जीवन—एक दिव्य, सतत, सनातन खेल।

दीवारों में क़ैद स्त्री

ख़ुद को रखा परछाइयों में,
आंगन को रोशन किया शहनाइयों में।

चूल्हे की आँच में ख्वाब जलाए,
अपनों के चेहरे गुलाल कर दिया।

सपनों को गिरवी रखी बेरुख़ी से,
घर के चौखट को शाह कर दिया।

ख़ुद अपनी छत को तरसती रही,
घर की दीवारों को कंधा दिया।

छोड़ आई ख़्वाब वो संदूक में,
आँखों का काजल भी खाक कर दिया।

सहर से साँझ तक सफ़र कर लिया,
अपनों की चाहत में घर कर लिया।

कभी ख्वाहिशों की थी चिट्ठी लिखी,
वक़्त ने अक्षर ही धूल कर दिया।

फिर भी सवालों के खंजर चले,
"इस जीवन में तूने किया क्या?"

जो खुद ही समंदर थी सबके लिए,
उसी को प्यासा सवाल कर दिया!

.... तो अच्छा।

रातों में कोई शोर न जागे तो अच्छा,
सन्नाटे में दिल और न भागे तो अच्छा।

यादों के चराग़ों को बुझा दे कोई,
गुज़रे हुए लम्हे न सताए तो अच्छा।

साज़ों की ख़मोशी में रहे कुछ सुकून,
धड़कन कोई नग़मा न गाए तो अच्छा।

बरसात की बूंदें न गिराएँ कोई आग,
आँखों में तसव्वुर न आए तो अच्छा।

कोई भी मुसाफ़िर न भटक कर रुके,
राहों में कोई मोड़ न आए तो अच्छा।

ख़ामोश लबों की दुआ क़ुबूल हो,
हर बात लफ्ज़ तक न लाए तो अच्छा।

बेज़ार हवाएँ न सताएँ मुझको,
ग़ज़लों में ग़म भी न ढले तो अच्छा।

बिखरी हुई रातों के वीरान लम्हे,
कोई नई सुबह ही मिटाए तो अच्छा।

सदियों से ठहरी हुई बेचैन नज़र,
दरिया की तरह बह ही जाए तो अच्छा।

आवाज़ कोई न बुलाए पुरानी,
यादों का क़ाफ़िला न आए तो अच्छा।

राम-पथ की प्राणधारा

पदचिन्ह पीछे राम के, चल पड़ी थी एक छवि,
धर्म था नयन में उनके, प्रीत की थी आँख नमी।
त्याग की वह दीप्ति थी, जो आग में भी जल न पाए,
सीता थी वह सत्य की, जो समय से भी न घट पाए।

सिंहासन की शोभा छोड़, वन में धर्म अर्पित किया,
मंगलमयी मृत्तिका में, मौनमयी नारीत्व जिया।
राम-पदांकों की अनुया, एक दिव्य-प्रतिमा चली,
नेत्रों में धर्मनिष्ठ दृढ़ता, प्रीति में नयन-नीर झली।

जहाँ खड़ी थी पीर बन, वहाँ भी धैर्य हर्षाया,
मौनमयी उस छाया में दृढ़ विश्वास झलक आया।
न्याय की उस अग्नि में, फिर भी एक परीक्षा बाकी थी,
जनकनंदिनी की व्यथा, राम की विवशता से हारी थी।

हर अग्नि, हर द्वंद्व में, अडिग रही जो भावना,
राम के अंतर्मन की, वो जानकी एकमात्र आराधना।
वनवास की धूल भी जानकी का बन गया था श्रृंगार ,
कंटक-पथ भी प्रेम में था, त्याग जहाँ था आधार।

ना थमी शपथ धर्म की, ना रंग फिका संकल्प का,
सीता थी संयम बनी, राम छायाचित्र प्रकाश का,
ना मन विचलित जानकी का, ना पद रुका श्रीराम का,
विरह बना जो वज्र पथ, उस पर खिला पुष्प विश्वास का।

छल, संशय, समय के फेर में भी न झुकी,
अपनी आस्था की रेखा से न मुड़ी।
पावन थी, प्रखर थी, स्नेह का प्रमाण थी,
राम की कहानी में, प्राण सम जानकी।

पढ़ रहीं हुं मैं जीवन को

सफ़हों में बस किताब नहीं,
पढ़ रही हूं अपने घर की कहानियां।
पिता की आंखों में छिपी विवशता,
और अपनों के रवैये की धुंधली निशानियां।

किताबों की स्याही से ज्यादा,
मैं पढ़ रही हूं जीवन की धूप-छांव।
मां की थकी हुई मुस्कान में,
छुपी हुई सपनों की टूटी कहानियां।

बदल रहे हैं अब किताबों के पन्ने,
हालातों की स्याही से लिख रहे हैं अपने किस्से।
वक्त लगेगा, पर रुकेंगे नहीं,
कदम थकेंगे कभी, पर हौसले टूटेंगे नहीं।
क्योंकि हारना मेरे बस में नहीं,
और हर जीत भी तो मेरे हिस्से में नहीं।

किताबों के अक्षरों से आगे,
सिख रही हूं किश्तों में वक्त से लड़ना।
हर कोशिश मेरे इरादों का रंग भर रहा है,
मेरी जंग से कईयों का हौसला पल रहा है।

वक्त चाहे जैसे भी करवट ले,
मेरे इरादों की लौ सदा जिंदा रहे।
क्यूंकि जिनकी आशाओं का मैं दीपक हूं,
उनकी रोशनी बुझना विकल्प नहीं।

क्या होता हैं स्त्री हो जाना..?

जब मैंने खुद को धूप में देखा,
तब जाना क्या होता है माँ हो जाना।
अपने सपनों को पराया समझ,
औरों के सपनों में रंग भर जाना।
हर दिन की शुरुआत सबके साथ,
अपनी ख्वाहिशों को कहीं खो जाना।
समर्पण और प्रेम की मूरत बन,
खुद के अरमानों को यूं दबा जाना।
अपनी पहचान को रिश्तों में गुम कर देना,
और खुद का अस्तित्व ही भूल जाना।

जब मैंने खुद को थकते हुए देखा,
तब समझा क्या होता है स्त्री होना।
समर्पण, त्याग और ममता के बीच,
अपने अरमानों को कहीं गुम कर देना।
हर जिम्मेदारी निभाते-निभाते,
अपनी ख़्वाहिशों का गला घोंट देना।
घर के हर कोने को सजाते-संवारते,
अपने मन की बातों को भूल जाना।
ममता, सहनशीलता से लेकर मर्यादा तक,
हर रिश्ते के लिए खुद को मिटा देना।
तब जाना, क्या होता है स्त्री होकर जीना।

जब मैंने अपने चेहरे पर मुस्कान देखी,
तब जाना क्या होता है औरों के लिए जी जाना।
सपनों की राह छोड़कर,
हर रिश्ते की राह पर चल जाना।
हर आंसू को छुपाकर,
दूसरों की हंसी में खुद को भुला देना।
अपनी चाहतों को पीछे छोड़,
दूसरों की चाह में खो जाना।
त्याग और समर्पण की इस कहानी में,
अपनी पहचान ही भूल जाना।
आख़िर में तब जाना
क्या होता हैं स्त्री हो जाना...!!

इक दफा गर मैं लिख पाती जो उनकी कहानी ....

अगर मैं माँ की कहानी लिख पाती,
तो चाँदनी से उनके सपनों को बुनती।

अगर मैं लिख पाती उनकी कहानी,
हर पन्ने पर होती जीत की कहानी।

हर पंक्ति में लिखती उनकी अदा,
प्रेम की रोशनी में होती सजी सदा।

हर आँसू के बदले मुस्कान गढ़ती,
उसके दुःखों को खुशियों में बदलती।

हर लफ्ज़ में उनकी ममता को सजाती,
प्यार के रंगों से उनकी दुनिया भर पाती।

अगर मैं लिख पाती उनकी दास्तान,
तो हर लफ्ज़ में झलकता उनका मान।

वो हकदार हैं एक रोशन ज़िंदगी की,
जहाँ हर पल हो खुशियों की बंदगी।

हर बोझ को हल्का, हर राह को आसान,
उनकी हर सांस को बनाती खुशियों का जहान।

हर पन्ने पर लिखती स्वप्रेम की कहानी,
उनके दिल को कभी न छूती कोई हैरानी।

हर पंक्ति में उनकी शान का रंग भरती,
हर पन्ने में उनकी आत्मा की जीत लिखती।

काश, मैं उनकी कहानी यूँ लिख पाती,
जहाँ हर ख्वाहिश उनकी हक़ीक़त बन जाती।

माँ-सी

मासी कहने को तो है बस एक शब्द,
पर वो माँ की परछाई सी हैं..
बिन कहे समझती हैं हर मन की बात,
अपनेपन से भर देती हैं हर बात...
वो हर गलती को छुपाकर,
प्यार की छांव में रखती है...
बचाती भी हैं माँ की मार से मुझे,
जैसे ममता की छांव में छुपा लेती हैं मुझे....
वो राज़ सब जानती है मेरे,
जैसे दिल के कोनों को पहचानती है मेरे...
नज़रें उनकी बस हमें ढूंढती हैं,
बिन कहे हमारी बातों को बूझती हैं....
उनके आंचल में है सुकून का बसेरा,
वो है मेरी खुशियों का सवेरा....
हर खुशी में शामिल होती है उनकी मुस्कान,
उनके प्यार में मिलता है सुकून का जहान...
जनम तो नहीं दिया, पर हैं ममता का गहरा सा रिश्ता,
माँ की तरह ही मासी भी है प्यार का फ़रिश्ता...
माँ का अक्स हैं, मासी के रूप में,
उनके स्नेह में, खुदा का साया हो जैसे धूप में...!!!

संघर्ष का स्वर

सपनों की सीढ़ी चढ़ता चला,
पग-पग पर पत्थर सहता चला।
नयन अधीर, मन थका-थका,
फिर भी न जीवन से डगमग चला।

ग्रंथों की गहराई में खो गया,
अपनों से भी जैसे सो गया।
हृदय में द्वंद्व, बुद्धि में ज्वार,
जीवन बना तप का व्यवहार।

आशाएँ भारी, नींदें कम,
हर सुबह साथ लाए नव भ्रम।
विराम नहीं, विश्राम नहीं,
बस लक्ष्य पथ पर विश्रांत कहीं।

आशाएँ भारी, नींदें कम,
हर सुबह साथ लाए नव भ्रम।
विराम नहीं, विश्राम नहीं,
बस लक्ष्य पथ पर विश्रांत कहीं।

पर हार नहीं, बस मौन पुकार,
बना सखा वो हर अंधकार।
संघर्ष में जो मुस्काए चला,
हर चोट को जो विद्यार्थी अपनाए चला।

एक सफर तय किया है,
एक सफर करना बाकी है....

एक सफर तय किया है, एक सफर करना बाकी है,
कुछ खो गया है, कुछ पाना बाकी है...!

जिंदगी की किताब में, कुछ पन्ने पलटने बाकी हैं,
हर अधूरे ख्वाब का, मुकम्मल होना बाकी है...!

हर गिरावट के बाद, फिर से उठना बाकी है,
मंज़िल की तलाश में, कदम बढ़ाना बाकी है...!

हर खोई उम्मीद को, फिर से जगाना बाकी है,
हर हार के बाद, जीत का सफर बाकी है...!

गुजरी हुई रातों में, नए सपने देखना बाकी है,
हर बिखरे हुए पल को, फिर से संजोना बाकी है...!

जो अधूरा रह गया, उसे पूरा करना बाकी है,
हर मंज़िल के बाद, नया सफर शुरू करना बाकी है...!

एक राह मिली है, एक और तलाशना बाकी है,
कुछ बीते कल की बातें हैं, कुछ आज में जीना बाकी है...!

कुछ हसरतें रह गई हैं, कुछ पूरा करना बाकी है...!
हर धुंधली तस्वीर में, रंग भरना बाकी है...!

माँ तो बस माँ हैं...

माँ तो बस माँ हैं
मेरे न खाने की ज़िद पे एक हाथ से थप्पड़
दूसरे हाथ से रोटियां खिलाती हैं वो
हजारों गम में भी मुस्कुराती हैं वो और
मेरी हंसी में मेरे गम भी ढूंढ लेती हैं वो
जहां मैं बिखरू वहां संभाल लेती हैं वो
जो रोए आंखे मेरी परेशां उनका दिल होता हैं
की चाहती है वो मेरे हिस्से में दुःख के निशां भी न हों ।

माँ तो बस माँ है,
मेरे बिन बोले मेरे अल्फाजों को समझती हैं वो
बगैर मेरे गुजरे हैं दिन कितने वो गिन लेती हैं
मेरे घर न होने पे घर खाली सा लगता हैं कहती हैं वो
फिर भी न आना घर दो दिन की छुट्टियों में कहती हैं
की वो चाहती मैं संग अपने इतने दिनों की दूरियों का हिसाब लेके आऊं।

माँ तो बस माँ हैं
मेरी धरती, मेरा आसमा, मेरा जहां हों वो
कि मैं कैसे बताऊं उन्हें मेरी जिंदगी की धूप का छांव हैं वो
बिना उनके घर क्या मेरी पूरी जिंदगी ही खाली सी लगती हैं
मैं कैसे बताऊं मेरे अंधेरी सी रातों का उजाला हैं वो
की मेरे सर्द मौसम की धूप हैं वो , मेरा सुकुं हैं वो।

स्व-प्रेम

कहीं दूर जाने का मन करता है, रूठने और मनाने का
मन करता है...
बहुत जी लिया गैरों के लिए, फिर से एक बार खुद में
डूब जाने का मन करता है..
फूलों सा मुस्कुराने, कोयल संग गीत गाने को मन
करता है..
बारिश की सोंधी मिट्टी, छम छम करती फुहारों में फिर
से भीग जाने को मन करता है...
मखमली गलीचे पर बहुत रातें गुज़री, अब हरियाली
वादियों में सुकून से सो जाने को मन करता है..
खुशबू सा बिखर के इन फिजाओं में कहीं, फूलों सा
मुस्कुराने को मन करता है..
बहुत देख लिया दुनिया के रंगों-मिजाज, तितली के
रंगों में रंगजाने को मन करता है..
बहुत उलझे जिंदगी की उलझनों से एक दफा खुद को
सुलझाने को मन करता है..
खेल लिया बहुत आंख मिचौली सपनों के संग, सपनों
को सपनों से चुराने को मन करता है..
किसी के इश्क में डूब के भी देखा एक बार खुद से
इश्क निभाने को मन करता है..
यौवन का सुख रास न आया, फिर से बच्चा बन जाने
का मन करता है..
एक बार कहीं दूर जाने का मन करता हैं ।

तुम यकीं मानो ना...

खुद से की जंग का ये सफर लंबा है
हर मोड़ पर है नया सबक,
ये समझो तुम, कोई सपना है
रातों की तपस्या, किताबों की गूंज
हर दिन एक नई चुनौती का कलंबा है
फिर आएगा वो पल तुम्हारे भी जीवन में
तुम्हें भी मिलेगा एक दिन सुकून
संघर्ष की राह पर मिलेगी एक सुबह की धूप
लाइब्रेरी की किताबों से लेकर
परीक्षाओं के सैलाब तक,
Notes की मेज़ पर मेहनत की चिट्ठियों से
और Test-Series की थकान की कश्तियों से
यूं ये तानों की कसक एक दिन मिट जाएगी
आज़ादी की बयार तुम तक आएगी
तुम बस आत्म-समर्पण करो,
धैर्य और विश्वास का चादर ओढ़ो
सपनों की मंजिल तुम्हारे पास आएगी,
ये तुम यकीन मानो ।

लगे हैं इंसान की वहसियत,
धर्म को कलंकित करने में।

स्तब्ध हैं पथिक, निःशब्द दिशाएँ,
विनाश के स्वर में डूबी हवाएँ।
बर्फ़ की चादर ओढ़े, मौन हैं पर्वत,
सिसक रही हैं वादियाँ, थर्राए उपवृत।

बर्फीली वादियों में अब सन्नाटा पसरा है,
रो पड़ी है पगडंडियाँ भी पहलगाम की।
सवाल था मज़हब का, जवाब में मौत आई,
ज़मीं भी कांप उठी, जब इंसानियत भी न शरमाई।

कश्मीर के फूल आज निस्तेज हैं,
बहती नदी भी अब शोक में सिमट के रह गई।
वादियों ने कब सोचा था, लहू से भीगेंगी,
जहाँ बर्फ़ मुस्कुराती थी, वहाँ चीख़ें सिसकती रह गईं।

धरती भी थरथराई, नभ भी मौन हुआ,
जब मानवता ने स्वयं से मुँह मोड़ लिया।
न मानवता की गुंजाइश थी, न रूहों की कोई क़ीमत,
बस धर्म पे कत्लेआम चला, बिखरी हर सू एक हसरत।

ना रंज था, ना द्वेष, ना हिंसा की तलब थी, ना कोई वैर
फिर क्यों पूछे थे अल्फ़ाज़—"कौन-सा है तेरा रहबर?"
ज़मीर मर गया शायद, या नफ़रत ने आँखें फेर लीं,
इंसान के जिस्म में दफ़न अब रहमतें भी ग़ैर हुईं।

धर्मनिरपेक्षता शब्द बन के रह गया हैं अब किताबों में,
इंसानियत का रंग अब गुम हो गया हैं, साजिशों में।
हम शर्मिंदा हैं ऐ रूहों, जो यूँ बिन कसूर मिटाये गए,
तुम्हारी मौन चीख़ों ने आज, इतिहास भी झुका दिए।

(On the day of Pahalgam Attack)

छण- छण जीवन एक प्रहार सा

मौन मुखर है हृदय की व्यथा में,
सजीव शून्यता की परिभाषा हैं अब।

न शब्दों में आशा की चितवन,
न जीवित कोई अभिलाषा हैं अब।

न भय मृत्यु का, न मोह किसी का,
सुन्यता ही एक भाषा हैं अब।

स्मृतियों का बोझ, मौन की वेदना,
सहज नहीं, पर सहजता हैं अब।

स्नेह की व्याख्या बेमानी लगी,
प्रेम भी तो एक व्यापर हैं अब।

ना अश्रु, ना आर्तनाद कोई,
मौन ही मेरी व्याख्या हैं अब।

विवशता नहीं, यह संकल्प हैं मेरा,
स्वयं में ही एक आश्रय हैं अब।

आत्मदाह की इच्छा नहीं बची,
स्वयं में ही श्मशान बना हैं अब।

किसी हादसे की तमन्ना हैं अब,
विरक्त हृदय की यह इच्छा हैं अब।

क्षय से भी मधुर लगे अब मरण,
क्षण-क्षण जीवन एक प्रहार सा हैं अब।

तमन्ना-ए-ज़िन्दगी

आँखों में ख्वाब हैं, फिर भी उन्हें खो रहीं हूँ,
दूर खड़ी सच्चाई को, खुद से ही छुपा रहीं हूँ।

आसमाँ में कभी उड़ान थीं, अब जमीं पे बेजान हो रहीं हूँ,
सपनों के कभी रंग में थीं, अब उदसियों में ढल रहीं हूँ।

दुआओं की तलाश थीं, अब खुदा को ढूँढ रहीं हूँ,
हर रात अपने अंधेरों में, उजाले की उम्मीदें छोड़ रहीं हूँ।

चाहतें थीं जो दिल में, अब वो ख्वाब तोड़ रहीं हूँ,
ज़िंदगी की उलझनों में, खुद को हर दिन सुलझा रहीं हूँ।

हादसों की तलाश में, खुद को खो रहीं हूँ,
मरने की तमन्ना नहीं, फिर भी मौत को ढूंढ रहीं हूँ।

सिलसिला

बहुत देखा मैंने झूठे ख्वाबों का मेला,
अब हक़ीक़त सी कोई खुशी चाहिए।

कभी तो कोई सपना आंखों को बोझ ना लगे,
कभी तो मुस्कुराहट बिना वज़ह के जगे।

टूटने की हद तक जी चुकी हूं मैं,
अब जीने के काबिल कोई लम्हा दे ज़रा।

हर बार खोया है कुछ पाने की चाह में,
अब कुछ ऐसा मिले जो सिर्फ़ मेरा हो।

अब थक चुकी हैं ये आंखें भीगते-भीगते,
कोई ख्वाब तो हो जो सच्चाई से भी हसीन लगे।

बेशुमार रातें जागकर बिताई हैं,
अब कोई सपना हो जो नींदों में उजाला भर दे।

हर मोड़ पर इंतज़ार का सिलसिला है,
कोई ऐसा मोड़ भी आए जो मेरा हो बस।

हर रोज़ टूटती हूं उम्मीदों की भीड़ में, ए ज़िन्दगी,
अब कोई ख़्वाब ऐसा दो जो नींदों में सुकून दे।

बहुत वक़्त बर्बाद किया ख्वाबों की परछाई में,
अब कुछ हक़ीक़त भी चाहिए साँसों की रिहाई में।

भूमीजा

ज़मीं की गोद सूनी है, फ़िज़ा भी बेहाल है,
हर साँस अब सिसकती है, ये कैसा हाल है?

हर इक शजर से रोती है, मेरी पहचान की बात,
हर शाख़ कह रही है, ख़तरे में अब जलाल है।

जो फूल खिलते थे कभी, तेरी हँसी में खो के,
अब ख़ुशबूओं में शामिल बस गर्द-ओ-ग़ुबार है।

मिट्टी से खेला था तू बचपन में जो,
क्यूँ भूल बैठा वो माँ, वो एहतराम है?

मैं माँ हूँ तेरी, रहमतों का सिलसिला हूँ मैं,
तू भूल बैठा मुझको? ये कैसा इनक़लाब है?

तेरे ही बोए बीजों से, उठी ये चिंगारी,
अब ख़ुद ही क्यों जलाने पे तू इतना बेताब है?

हरियाली के आँचल को तूने क्यों उतार फेंका?
मुझ पे ही आसरा तेरा, तू मेरा ही नायाब है।

बस इक दुआ है तुझसे, ऐ धरती के मालिक,
मुझे फिर से सजाना, यही आख़िरी ख़्वाब है।

आत्म सैरन्ध्री!

ए ज़िन्दगी!
ना अतीत से बेचैनी हो, ना भविष्य का डर हो,
बस आज में जीने का सलीका सिखा दे।

ए दिल!
कभी किसी की ख्वाहिश ना हो दिल में,
खुद को पहचानने की वजह सिखा दे।

ए उम्मीद!
ना उम्मीदों से बंधूं, ना खुशी को तलाशूं,
पर खुद से प्रेम का तरीका सिखा दे।

ए हवा!
मुझे रुकना नहीं सिखा,
बस अपनी दिशा में चलने का हौसला दे।

ए तिमिर!
कभी रातों में अपने विचारों से लड़ूं,
मुझे अपनी खामोशी को सुनना सिखा दे।

ए आइना!
कुछ दूरी से खुद को पहचान पाऊँ,
बाहरी हलचल से अनजान होना सिखा दे।

ए मुकाम!
कभी अपना रास्ता खुद चुनूं,
मुझे अपनी मंज़िल की पहचान सिखा दे।

ए आत्म सैरन्ध्री!
कभी मुझसे ही मिलूं, खुद को समझूं,
मुझे अपने अस्तित्व का अहसास सिखा दे।

मैं मिलूंगी...

मैं नहीं मिलूंगी
किसी के ख्वाबों की भीड़ में,
न किसी की आँखों की चमक में,
न किसी की सोच की सरगोशियों में,
न किसी की यादों के शोर में,
न किसी की अधूरी ख्वाहिशों में।

मैं मिलूंगी
अपने घर के एक शांत कमरे में,
जहाँ थोड़ी-सी खामोशी होगी,
थोड़ा अंधेरा,
और किताबों का एक छोटा-सा जहाँ।

कुछ अधूरी नज़्में होंगी,
और उन नज़्मों के किरदारों के साथ
अपनी ही दुनिया बसाती हुई मिलूंगी।

किताबों के उन पन्नों में
बसे किरदारों के साथ
कभी हँसती, कभी चुप हो जाती,
कभी खुद को ही
किसी किरदार में छुपाती हुई
मिलूंगी।

मैं मिलूंगी
अपने कमरे की उस ख़ामोशी में
जहाँ आधी खुली खिड़की से
धीमी-सी हवा आती होगी,
जहाँ हल्की धूप
किताबों के पन्नों पर उतरती होगी।

कुछ किताबें होंगी,
कुछ अधूरे खयाल,
और मैं दुनिया से थोड़ी दूर
खुद के थोड़े और करीब मिलूँगी।

यह जो ख्वाब हैं, ख्वाब क्या कहिए,
जो कभी थे ही नहीं, उनकी याद क्या कीजिए।

जो लबों तक न आई, वो फ़रियाद क्या कीजिए,
जो मिली ही नहीं, वो मुराद क्या कीजिए।

जो कदम साथ चलकर भी ठहरे नहीं,
उनकी राहों में जलते चराग़ क्या कीजिए।

जो कभी लौटकर आने वाले नहीं,
उन उम्मीदों को फिर बर्बाद कीजिए।

पापा..

आपके बिना ये ज़िंदगी अधूरी लगती है...
आपकी हंसी से हर मुश्किल आसानी से सुलझती है....
आप हैं तो हर मुश्किल आसान लगती है...
आपके बिना, मानो खुशियां भी फीकी लगती है....
आपके बिना अधूरे है हर दिन मेरे, जैसे कोई किताब बिन शब्दों के...
आपकी ही सूरत में है दुनिया मेरी...
आपके बिना घर की दीवारें भी अजनबी सी लगती हैं....
मैं परछाईं हूं आपकी, आप मेरी पूरी कायनात हों...
मैं तो एक छोटा सा किस्सा हूं, आप मेरी जिंदगी की सदी हो....
मैं अंधेरों का आसमा, आप मेरे जीवन की चांदनी ...
आप ही मेरी रोशनी, मेरी हर उम्मीद की किरण,
आपके बिना सब कुछ अधूरा, जैसे बिना सुरों के रागिनी....
आपकी छांव में मैं महफ़ूज़ हूं सदा,
आपकी ही दुआओं से रोशन है मेरा जहां....!!!

कभी ..लोग बदल जाते हैं।

धागों से बंधे दिल जब उलझते हैं,
तो हल्की सी बातों पे भी टूटते हैं।
कांच की तरह जज़्बात भी चटकते हैं,
जो संभालो तो भी अक्सर फिसलते हैं।

चांद की तरह कुछ लोग चमकते हैं,
पर अमावस के आने से वो डरते हैं।
समंदर की तरह गहराई लिए होते हैं,
पर लहरों की तरह वो लौट जाते हैं।

सपनों की मानिंद कुछ पास रहते हैं,
नींद खुलते ही फिर दूर बहते हैं।
कुछ चेहरे किताबों से झाँकते हैं,
कुछ ख़्वाबों में आकर भी खो जाते हैं।

रेत की तरह फिसलते हैं लम्हें,
मुट्ठी में चाहो तो भी थमते नहीं हैं।
सफर जैसे ही हैं सब ज़िंदगी में,
किसी क़ीमत पे मुसाफ़िर ठहरते नहीं हैं।

चाँदनी की तरह कुछ रिश्ते निखरते हैं,
पर अंधेरों में अक्सर बिखरते हैं।
कल तक जो नाज़ुक से हिस्से थे दिल के,
आज अजनबियों की भीड़ में मिल जाते हैं।

यादें पूछती हैं हर रोज़ उनसे,
जो जवाबों में अब लापता हो जाते हैं।
यही दस्तूर है रिश्तों के हालातों में,
कभी वक्त बदल जाता हैं, कभी लोग बदल जाते हैं।

मैं ही सरताज हूं!

उसके हकीकत में महक मेरे अरमानों की,
उसके हर अंदाज़ में छवि मेरे फ़सानों की।

लिबास ओढ़ रखा है उसने मेरे इश्क़ का
रंग चढ़ा है दिल के हर इक नक्श का।

उसके कदमों की आहट में साज मेरे ख्वाबों के,
हर सिलवट में छुपा है एहसास मेरे वजूद का।

रंग मेरे इश्क़ का अब उसका श्रृंगार है,
हर कतरा उसके जिस्म का मेरा इकरार है।

कहने को तो दुनिया ने दी उसे शोहरत,
पर उसके लिबास की फ़क़त मैं ही सरताज हूँ।

किताबों से आगे....

सफ़र में कदमों के निशां बदलते देखे हैं,
अपने ही साए में सपने पलते देखे हैं।
पिता की ख़ामोशी में छिपा संघर्ष समझा,
और मां की हथेली पर वक़्त पिघलते देखे हैं।

सिर्फ किताबों में नहीं,
मैंने ज़िन्दगी के पन्ने पलटे हैं।

हर किरदार ने कुछ न कुछ सिखाया हैं,
गिरते हुए भी खुद को संभालना सिखाया हैं।
ठोकरों ने रास्ता चुनना सिखाया,
और गिरकर फिर संभलना समझाया हैं।

कदम-कदम पर वक्त ने मुझे आजमाया,
हर हार ने मुझे जीत का मतलब समझाया।

किताबों से आगे,
मैंने ज़िन्दगी के पहलू जिए हैं।

माँ की आँखों में छुपे आंसू देखे,
और पिता के चेहरे पर दबे अरमान भी देखे हैं।

मैंने देखा है रातों में बुझते दिए,
देखा है उम्मीदों को जलते हुए,
तूफानों ने कोशिश की रौशनी चुराने की,
लेकिन देखा हैं मैंने हौसलों को भी मुस्कुराते हुए।

आंखों के मंज़र

किसी मोड़ पे उसने जो रुख़ मोड़ लिया,
फिर रास्तों ने भी मेरा पता पूछा कहां?

खुले आसमाँ में जो उड़ चले परिंदे,
उन्हें फिर कभी कोई घोंसला भाया कहां?

वो लौटेगा नहीं, ये मुझे इल्म था मगर,
दिल हर साँझ कोई वहम उठाये रहा।

बेसूद हैं अब ये दर-ओ-दीवार की बातें,
जो छूट गया, फिर वो लौटकर आया कहां?

फ़िज़ूल है अब इन चौखटों से उलझना,
जिसे जाना था उसे कोई बाँध पाया कहां?

कभी जिसकी आंखों में मेरा घर था बसा,
अब उन आँखों में कोई मंज़र मेरा रहा कहाँ?

छूटी जो उँगली किसी दोपहर की तरह,
फिर शामों ने भी साथ निभाया कहाँ?

झरोखा भी अब खामोशियों का घर है,
कभी था ख़्वाब मुस्काया जहां।

कुछ ख़्वाहिशे मुकम्मल होती तो बात और होती,
मगर हर दुआ में किस्मत का दर खुलता कहाँ?

अब झरोखों से सिर्फ धूप झाँकती है,
जो पहले आया करती थी अब वो मुस्कान कहाँ ?

तलाश में हूं मैं...

तलाश में हूँ उस मंज़िल की, जहाँ मेरा ही इंतज़ार हों,
हर खुशी मेरी बाँहों में हो, और हर ग़म मुझसे फरार हों।

एक आसमां, जहाँ मेरे सपनों की उड़ान बसे,
एक ऐसी ज़मीं, जो सिर्फ मेरे क़दमों के निशां सहे।

ऐसा लम्हा, जहाँ वक्त भी मेरे लिए ठहर जाए,
एक चेहरा, जो मेरी मुस्कान पर हार जाए।

ज़िंदगी के सफ़े, मेरे नाम से सजे हों,
हर कदम पर मेरे निशान लिखे हों।

वो सहर, जो मेरी हंसी से रौशन हो जाए,
वो शाम, जो मेरे ग़म को खुद में समा ले।

वो ख़त, जो मेरे नाम से ही लिखे जाएं,
वो नग्में, जो सिर्फ मेरे लिए गाए जाएं।

नज़रें हों, जिनमें सिर्फ़ मेरे लिए प्यार हों,
ख़्वाबों में मेरा ही रोज़ इज़हार हों।

एक रूह, जो बिन मेरे अधूरी रहे,
सफर-ए-ज़िंदगी में बस मुझे ही सहे।

ऐसा सफ़र, मेरी ही किस्मत लिखी मिले,
और वो सफ़र, जहाँ मंज़िल से ज़्यादा हमसफ़र मेरा हो।

वो लफ़्ज़, जो सिर्फ मेरे लिए लबों पर आए,
एक राज़ जो सिर्फ मुझसे ही खोले जाए।

एक ऐसा घर, जो सिर्फ मेरा बसेरा बने,
एक आँगन, जहाँ सिर्फ मेरा नाम गूंजे।

वो नज़रें, जो सिर्फ़ मुझ पर ही ठहर जाएं,
वो हंसी, जो सिर्फ मेरी खुशी से खिल जाएं।

एक रिश्ता जो शर्तों से परे हो।

ऐसी बाहें, जो सिर्फ मुझे थामे सदा,
जहां मेरी हर बेचैनी को आराम हो।

एक इबादत जो सिर्फ मेरे लिए की जाए,
वो दुआ जिसमें मुझे मांगा जाए।

वो सुकून, जो बिना किसी वजह के मिले।

एक ख्वाहिश, जो कभी ना टूटे, कभी ना बिखरे,
एक मुकम्मल कहानी, जो मुझसे मिलके पूरी हो जाए।

मैं ढूंढ रही हूँ एक वजूद, जो सिर्फ मेरे लिए ज़िंदा हो,
जिसके ख्वाबों में, हर रात मेरा ही किस्सा हो।

चाहिए एक रूह, जो मेरी बिन अधूरी-सी लगे,
ज़िंदगी की राहों में, जो बस मेरे संग चले।

रिश्ते...

कुछ रिश्ते तय नहीं होते मिलन के लिए,
वो तो बस रूह की तहों में उतरने के लिए होते हैं।
ना वक़्त मांगते हैं, ना वजूद,
बस एक ख़ामोश सी मौजूदगी बनकर जीते हैं।

वे मोहब्बतें जो इब्तिदा में ही जान लेती हैं,
कि मंज़िल नहीं है, फिर भी सफ़र करती हैं।
हर दुआ में नाम नहीं आता,
पर हर अश्क में वो चेहरा छिपा होता है।

कुछ लोग पलकों पे नहीं ठहरते,
पर नींदों से गुफ़्तगू करते हैं।
हर सुबह उनकी याद की चाय बनती है,
और हर रात उनकी ख़ामोशी सिरहाने रखी जाती है।

कुछ रिश्ते वक़्त से परे होते हैं,
जिन्हें ना कोई शुरुआत चाहिए, ना अंत।
वे बस एक मौन स्वीकृति में फलते हैं,
जैसे पेड़ बिना पत्तों के भी खड़ा रहता है इंतज़ार में।

कुछ रिश्ते मुक़द्दर नहीं, मगर रूह के सफ़र होते हैं,
वो लम्हों में नहीं, एहसासों में उम्र भर होते हैं।

वो लफ़्ज़ों से दूर, एहसासों में रहते हैं,
हर मौन में, हर साँसों में रहते हैं।
ना क़िस्मत में आते हैं ना बिछड़ते हैं,
मगर रहते हैं दुआओं में।

दिल की दीवार पे थोड़ी सख़्ती रखना।

जो बातें उलझाएं, वो बातें कम रखना,
दिलों में जो बस जाएं, ऐसी नज़्में रखना।

तुम्हारी ख़ामोशी में जो फ़साना ढूंढ लें,
उन निगाहों से थोड़ा-सा एहतियात रखना।

दोस्ती की गहराई में छल मत ढूँढ़ना,
पर हर राज़ को राहों में खुले मत छोड़ना।

जो पढ़ ना सकें आँखों का इशारा कभी,
उनसे अपने एहसास को छुपा के रखना।

राहें अलग हो जाएं तो भी वो यादें रखना,
जो कभी न टूटे, ऐसी चाहत के सिलसिले रखना।

न किसी के लिए ख़ुद को बदलना इतना,
दिल की दीवार पे थोड़ी सख़्ती रखना।

यूँ तो करीब से कई लोग गुजरते रहेंगे,
हर किसी से ज़रा दूरी की समझदारी रखना।

जो समझे तुम्हें बस भीड़ का एक हिस्सा,
उनसे अपने जज़्बात कुछ फासले पे रखना।

इस जहां में ख्वाबों को आँखो में सजा के रखना,
पर हकीकतों में थोड़ा सा फासला बना के रखना।

मृगतृष्णा की राहें..

ये स्याही की गहराइयाँ, ये शब्दों के खेल,
ये दिल के सफर में, ये रिश्तों के मेल।

ये दिल की उलझन, ये सपनों की बातें,
ये रूहों के रिश्ते, ये चुप सी मुलाकातें।

वो टूटे हुए लम्हे, वो बिखरे से वादे,
कभी ख़्वाब से रंगीन, कभी दर्द में साधे।

ये चाहत के नगमे, ये उम्मीदों की राहें,
ये धुंधली सी मंज़िल, ये अधूरी सी चाहें।

ये अहसास की बातें, ये जज़्बात की राहें,
वो आंखों में सिमटी, अधूरी सी दुआएं।

ये ख़्वाबों की दुनिया, ये रातों की चाँदनी,
ये झूठी हकीकतें, ये ख्वाहिशें अनजानी।

ये टूटते सपने, ये बिखरती दुआएं,
ये अधूरी मोहब्बत में सजी हुई राहें।

ये वादों की कशिश, ये कसमें पुरानी,
ये ख्वाबों की झलक, वो पूरी सी कहानी।

इनकी बातें हैं पुरानी, इनकी हकीकत भी जानी,
ये मृगतृष्णा की राहें, बस एहसास की कहानी।

ना इनको सजाना, ना इनको मिटाना,
ये अहसास हैं बस, बस इनको जीना।

ओ स्त्री!

अपने जीवन काव्य की तुम ही कवयित्री हों,
अपनी इस पीड़ा की तुम खुद ही रचयित्री हों।

तुम ही हो अपने हौसलों की अनमोल शक्ति,
हर मंज़िल की राह की खुद ही कश्ती।

अपने हर ख्वाब की तुम खुद ही चित्रकार हो,
अपने जीवन के सदी की तुम खुद ही विस्तार हों।

अपने खामोशियों की गहराइयों की खुद ही सागर हों,
हर मुस्कान की तुम ही सजग सूत्रधार हों।

तुम ही हों आपनी हर छड़ की कहानी की नायिका,
तुम ही हों इस दिल के व्यथा की खुद ही सृजनिका।

तुम ही हो अपने जीवन के अरमानों की परिकल्पना,
हर उम्मीद की धड़कन की खुद ही वास्तविकता।

अब वो लौटेगा ये ज़रूरी नहीं।

वो जो लम्हों में मुस्कुरा के चला गया,
उसकी यादों की अब कोई सियासत नहीं।

वो जो आंखों में बसी है, महज़ एक तस्वीर है,
जिसे छू पाना मुमकिन नहीं, बस दिल की ताबीर है।

नींद से कह दो अब उससे मेरा रिश्ता नहीं,
किसी की यादों में जागूं, अब वो किस्सा नहीं।

जिसे समझ बैठे थे हम अपना मुक़द्दर,
वो एक लम्हा था महज़, उम्र भर का साथ नहीं।

छू के गुज़रा था जैसे कोई मौसम कभी,
अब वो लौटेगा ये ज़रूरी नहीं।

कहां मानता हैं?

चलो धूप में कुछ सफ़र कर ही लें हम,
यहाँ कौन मुसाफ़िरों की परवाह करता हैं।

जो ख़ुद से मिला है वही जानता हैं,
यहाँ कौन किसको कहाँ मानता हैं।

अहम गर गिरा दे तो रिश्ता बचेगा,
मगर ये सलीक़ा कहाँ मानता हैं।

अंधेरों से लड़ना ही मंज़िल का रस्ता,
मगर भीड़ इसको ख़ता मानता है।

पतझड़ की रुत में न शिकवा करो तुम,
यहाँ हर कोई इम्तिहाँ मानता हैं।

कभी ख़्वाब टूटा, कभी साथ छूटा,
मगर वक़्त का हुक्म दिल कहाँ मानता हैं।

जो अपने ही दिल से गुज़रने लगे हैं,
उन्हें कौन राहों का हमसफ़र मानता हैं।

कभी हक़ कहो तो बग़ावत लगेगी,
यहाँ सच को झूठा जहाँ मानता हैं।

वो बातें जो दिल से कही थीं कभी हमने,
ज़माना उन्हें दास्ताँ मानता हैं।

फिर अपनी ही कहानियों में, नई शुरुआत लिखेंगे।

एक शाम बैठेंगे, कुछ खामोशियों में डूबकर..
आँखों के सपनों को, हकीकत से मिलाएंगे..
दुनिया की शोर से दूर, खुद को सुन पाएंगे..
इस वीरान सी राहों में, अपना एक जहान लिखेंगे..
कभी धूप, कभी छांव का खेल है ये जिंदगी..
आज हम अपने सपनों की उड़ान लिखेंगे..
सपनों की बातें नहीं, अपनी ही रात लिखेंगे..
जिंदगी का सफर नहीं, उस सफर की आहट लिखेंगे..
बहुत उलझनें हैं, तेरे साथ-ऐ-दुनिया..
अब अपने अंदर की, एक आवाज लिखेंगे..
लिखते-लिखते, सुलझ जाए ये कश्मकश..
एक ही शब्द में, पूरी रात लिखेंगे।
शिकायतों का क्या, वो तो हर रोज़ सुनाते हैं..
अब इस रात को, अपनी रूह की आवाज़ लिखेंगे..
लिखते-लिखते, जब थक जाएंगे ये हाथ..
एक ख़ामोशी में, सारा जहां लिखेंगे।
और फिर अपनी ही कहानियों में, नई शुरुआत लिखेंगे।

सवाल करते करते

थक गई हूँ मैं भी अब खुद से सवाल करते करते,
ख़्वाब जलते हैं रोज़ यूँ ही बेमिसाल करते करते।

हर जवाब में अब उलझन सी लगने लगी है,
थक चुकी हूँ मैं अब खुद को निखारते निखारते।

आईने भी अब मुझसे नज़रे चुराने लगे हैं,
टूटती हूँ हर रोज़ मैं खुद को संवारते संवारते।

ज़ो न कह सके लबों से, वो आँखें कह गईं,
रूह भी रोने लगी है सवाल करते करते।

दिल ने चाहा था कभी कुछ रौशनी की बात हो,
पर बुझ गए दीप सब, उजालों से प्यार करते करते।

बेवजह बहते हैं अश्क अब आंखों के समुंदर में,
डूबती रही हूँ खुद में, किनारों से प्यार करते करते।

ज़िंदगी ने भी अब दामन छुड़ा लिया है मेरा,
थक गई है शायद वो भी ख्याल करते करते।

नींद भी अब डरने लगी है मेरे सपनों से,
सो न सकी हूँ मैं चिरागों से वार करते करते।

सांसें भी बोझ सी लगने लगी हैं अब तो,
थक गई हूँ ज़िंदा रहने का एहसास करते करते।

चाहतें भी अब खुद से पर्दा करने लगी हैं,
ख़ुद को समझाया बहुत, ख़याल करते करते।

कहीं चमकती हूँ, तो कहीं ओझल हूँ मैं।

खुद को खोने का एहसास फिर से पाया है,
जो कुछ नहीं थी, वही अब सब कुछ पाया है।

खुद से मिलने का इरादा था मगर,
खुद से भी छुप के बैठी हूँ मैं।

रह-ए-तलाश में निकलूँगी फिर से कल शायद,
यही फरेब है, वरना कहीं नहीं हूँ मैं।

मैं वो ख़ामोश साया हूँ, जो हर जगह मौजूद है,
देखो चाहे ज़मीं पे, या चाँद की रौशनी में।

मैं वो लहर हूँ, जो सागर में भी गुम है,
कभी किनारे पे, तो कभी गहराई में छिपी हूं मैं।

आसमां के सितारों सी बिखरी हूँ,
कहीं चमकती हूँ, तो कहीं ओझल हूँ मैं।

सुकून मिलता है यूँ तो बहुत शोर में,
खामोशियों में मगर कहीं गुम हूँ मैं।

मैं ख्वाबों में हर रोज़ खुद को ढूँढती हूँ,
हकीकत में बस एक अफ़साना हूँ मैं।

मिट्टी की तरह बिखर जाने का ख्वाब देखती हूँ,
और आसमां में उड़ने की तमन्ना हूँ मैं।

मैं अपने ही ख्यालों में उलझी रहती हूँ, मैं हूँ भी,
और नहीं भी, कभी खुद से मिलूँ तो समझ पाऊँ शायद,

जो दिखती हूँ मैं, वो हूँ या कुछ और कहती हूँ मैं।
मेरी तलाश का हासिल कोई और क्यों हो,

मैं खुद को ढूँढने चली हूँ कहीं और क्यों हो।
हकीकत और ख्वाबों में फ़र्क इतना ही तो है,

मैं जिन्दगी हूँ या कोई और है मेरे शोर में?
यूं हीं सोचती हूं मैं.....

जो ठहर सा गया है मुझमें, वो मैं हूँ,
जो व्याप्त है मुझमें, वो तुम हो।
जो खो चुकी हूँ मैं, वो मेरा अक्स है,
जो मिल रहा है मुझमें, वो अंश तुम्हारा है।
जो खो रही हूँ मैं, वो मेरी पहचान है,
जो मिल रही हूँ मैं, वो एहसास तुम्हारा है।
जो ख़ामोश है मेरे अंदर, वो मैं हूँ,
जो गूंज रहा है मुझमें, वो तुम हो।
जो टूट रहा है मुझ में वो मैं हूँ,
जो जुड़ रहा है मुझ में वो तुम हो।

ए ज़िन्दगी

हर रोज़ टूटती हूं उम्मीदों की भीड़ में, ए ज़िन्दगी,
टूट कर बिखरे हैं अरमानों के टुकड़े....

बहुत देखा मैंने झूठे ख्वाबों का मेला,
बहुत वक़्त बर्बाद किया ख्वाबों की परछाई में...

टूटने की हद तक जी चुकी हूं मैं,
अब अंतिम श्वास लेने के काबिल कोई लम्हा भी दे जरा...

इन आंखों ने देखे हैं बेमक़सद मंज़र बहुत,
अब न कोई मंज़िल देना, न कोई रास्ता देना...

हर रिश्ता बस अधूरा सा ही मिला,
अब कोई ऐसा साथ ना देना जो खुदा से भी प्यारा लगे...

चलते-चलते थम गई हैं मेरी राहें,
अब मेरी राहों को हमेशा की नींद देना...

बेशुमार रातें जागकर बिताई हैं मैंने,
ऐसी एक रात देना जिसके बाद कोई सुबह न हों...

अब थक चुकी हैं ये आंखें भीगते-भीगते,
विश्राम का इनको तुम भिक्षा देना.....

हर रास्ते पर मेरी उम्मीदों को जख़्मों के निशां ही मिले हैं,
न देना मेरी उम्मीदों को अब कोई नया सवेरा कभी.....

जो लिखा है मुक़द्दर में वही सही,
बस अब उस किताब का आख़िरी सफ़ा देना...

मुझे ख़ुद से ही मिलवाए कोई।

हुनर नहीं है मुझे ख़ुद को जताने का,
मैं आइना हूं, मुझे ख़ुद से ही मिलवाए कोई।

तामीर की हर दीवार में दरारें रखी हैं,
अब मेरे हिस्से का आसमां दिखाए कोई।

हुनर नहीं है मुझे किस्मत आज़माने का,
मैं दिया हूँ, मुझे आंधियों से बचाए कोई।

यूं कमजोर समझ के नज़रें चुराई गईं मुझसे,
किसी रोज़ मेरा भी हौसला आज़माए कोई।

बचपन से ही सिखा दी गई थी तहज़ीबें,
अब अपनी मर्ज़ी से जीना सिखाए कोई।

उठाती रही बोझ खामोशी का हर रोज़,
अब कांधे पे सिर रख कर मेरा रुलाए कोई।

बचपन में सुना था, परियों की होती हैं दुनिया,
अब उम्र कहती है, मुझे फरेब भी बताए कोई।

जो लब पे ना लाए, वो भी कहानियां रखती हूं,
आँखों की जुबां मुझे समझाए कोई।

सह ली हर इक सज़ा बिना जुर्म किए,
अब मेरे हक़ की अदालत बुलाए कोई।

हर ख़्वाब को अपनी तक़दीर से हारी,
अब मेरे हिस्से की खुशी लौटाए कोई।

ख्वाहिशों के हिसाब से

इनायत होती अगर इबादत के हिसाब से,
मैं बहुत अमीर होती दौलत के हिसाब से।

अगर क़दर होती मोहब्बत के हिसाब से,
तो ये दिल अमीर होता चाहत के हिसाब से।

अगर रुखसार पर चाँदनी होती इश्क़ के हिसाब से,
मैं हर नजर का नूर होती, जज़्बात के हिसाब से।

खुदाई होती अगर इल्तिजा के हिसाब से,
मैं हर गम की दवा होती, राहत के हिसाब से।

अगर मंज़िलें मिलतीं सच में, इरादे के हिसाब से,
मैं हर ख्वाब को पाती, अपनी मशक्कत के हिसाब से।

अगर ख़्वाब मुक्कमल होते जज़्बात के हिसाब से,
हर खुशी मेरे हिस्से में होती, तक़दीर के हिसाब से।

अगर वक्त को रोक सकती, ख्वाहिशों के हिसाब से,
हर लम्हों को सवारती एहसासों के हिसाब से।

अगर ख़्वाब पलकों पे सजते, यादों के हिसाब से,
मैं हर मुस्कान की तस्वीर होती, लम्हों के हिसाब से।

अगर सुनवाई होती खुदा के दरबार में हर्फ़ के हिसाब से,
मैं हर ख्वाब में रंग भरती, लफ्ज़ो के हिसाब से।

हर दिल को मिलता है सुकूं कहां
हर मन को मिलता है चैन कहां
हर खोज को मिलती है मंजिल कहां
हर अजनबी को मिलती पहचान कहां
हर अंधेरों को मिलती रौशनी कहां
हर लम्हे को अमरता की सहर कहां
हर सागर को मिलता है किनारा कहां
हर नदियों को मिलता संगम कहां

ख़्वाबों का शहर

रास्ते हैं कठिन, मंजिले हैं दूर,
हर कदम पर यहाँ तक़दीरें हैं मजबूर।
उम्मीद की किरण कहीं खोई सी हैं,
संघर्ष की राह धुंधली सी हैं, इन ख़्वाबों के शहर में,
हर कदम पर इम्तिहान है, हर मोड़ एक पहर में।
कभी टूटते हैं, कभी बिखरते हैं, यूं ही बस चलते रहते हैं,
सपनों की राहों में, हम हर कदम पर संभलते रहते हैं।
न जाने कितनी ठोकरें खाई हैं, ये वही बसर है।
संघर्ष की राहों में, मुश्किलों की लहर है।
फिर भी जिंदा है दिल में एक चाहत,
हौसलों की राहें खुद बना लेगी आदत।
रातें चाहे जितनी काली हो, सवेरा आएगा,
यूं रातों का जगना एक दिन रंग लाएगा।
और, ज़िन्दगी की जंग में हम हारे नहीं,
ख्वाबों के सफ़र में हम आज भी सफ़र हैं।

श्री राम संग
राम आचरण अपनाना तुम...

श्री राम संग राम आचरण अपनाना तुम...

दिव्य नाम हमारे जीवन में,
जो शांति और सद्भाव सिखाता है..
जो तीनू लोक बसा कर हृदय में,
स्वयं भटकता रहा वन–वन,
उन श्री राम भांति सदैव मर्यादित रहना तुम.....

इस मन के मंदिर में राम को विराजे रखना तुम...
पाप का कोई भाग न होगा,
बस राम का हाथ थामे रखना तुम...
जब–जब उठे कदम अधर्म की ओर,
तब–तब धनुष उठाना तुम ...

बस यूं ही....

कितना कुछ पीछे छोड़ आता है इंसाँ,
जब अपना आशियाँ छोड़ पराए शहर चला जाता है....
अतीत के आँगन में ठिठका बचपन, साँझ की वह छत....
छूट जाती हैं वो शामें, सुबह का वह अख़बार,
छूट जाती हैं मिठास उस कड़क सी चाय की.....

पीछे छूट जाती है माँ, और माँ के हाथों की रोटियां
छूट जाती है रसोई की वह खनक, माँ की वो आवाज़,
जो रसोई से पुकारते हुए हमें घर बुला लिया करती थी.....

पीछे रह जाता है बचपन, घर-आँगन में गूंजती खिलखिलाहट
पीछे छूट जाती है बचपन की वो अल्हड़ सी हँसी,
और बेफ़िक्र हवाओं के संग उड़ने की आज़ादी ....

पीछे रह जाता है घर, अलमारी का वह पुराना सा दराज़,
और घर का हर वो कोना जो अपना था,
पीछे रह जाती हैं दीवारों पर टंगी तस्वीरें, जिनमें ज़माना ठहरा था....

पीछे छूट जाते हैं वो चंद यार, अपनी सी महफिलें
अपना अफ़साना और स्कूल के वो रास्ते,
जहाँ दोस्तों के संग चलते-चलते मंज़िल छोटी लगती थी....

छूट जाता है वो मोहल्ला, जिसके हर मोड़ पर पहचान थी,
छूट जाती है वो गली, जहाँ कदमों की आहट भी पहचान ली जाती थी......

पीछे छूट जाती है गली के किनारे खिला वह गुलमोहर,
जो हर बसंत में घर लौट
ने का बुलावा देता हैं....

भीड़ के साथ कदम मिलाना पड़ता हैं।

हर ख्वाब पूरा करने की कोशिश में,
रोज़ कुछ ख्वाहिशों को छोड़ना पड़ता हैं।

खुद को मजबूत दिखाने के लिए,
हर टूटे अरमान को सीना पड़ता है।

खुद को टूटने से बचाने के लिए,
खुद से ही झूठ बोलना पड़ता है।

जो अपने हैं, उन्हें खोने का डर से,
कई बार खुद को झुकाना पड़ता है।

जिन रास्तों ने मंज़िल का वादा किया,
उन्हीं राहों पर अब हर रोज़, भटकना पड़ता है।

ज़िंदगी की इस भीड़ में अकेले ना दिखूं,
इसलिए भीड़ के साथ कदम मिलाना पड़ता हैं।

माँ-पापा

हर दुआ से ऊँचा जो मुक़ाम होता है,
वो माँ-बाप का साया तमाम होता है।

ज़मीं पे फरिश्ते नहीं मिलते अब,
ये रिश्ता ही सबसे अज़ीज़ होता है।

कभी पापा की उँगली थामी थी जो,
वो अब भी दिल का सबसे हसीं क़लाम होता है।

माँ की दुआ में असर कुछ यूँ छुपा,
बिन दवा ही हर ग़म का इलाज होता है।

लब पे झूठी हँसी, आँख में समंदर,
माँ कैसे पहचान लेती है, ये इल्हाम होता है।

रात भर जागे हैं जो मेरी ख़ुशी में,
उन हाथों का हर लम्स मेरा इनाम होता है।

मस्जिद की जामा-ए-शराफ़त हो या मंदिर का दीप,
धरती के इन फरिश्तों की दहलीज़ पर खुदा भी झूमता है।

इबादतें कहां तक गिनी जाएंगी मेरी,
मैंने अपने खुदा पर लिखा हैं, यही काफ़ी अरदास होता है।

हृदय क्षुब्ध है, वेदना कह रही है,
खामोशियों में भी एक आवाज़ उठ रही है।
होंठों पर मौन है, आंखे कुछ कह रही हैं,
आँखों में नमी, हृदय की व्यथा कह रही है।
मन के आँगन में एक मौन सिहरन हो रही है,
एक मौन चीख, जो अनकही रह रही है।

वक़्त का इक नक़ाब बैठा हैं।

साहिल से दूर एक ख्वाब बैठा हैं,
तन्हा समंदर का हिसाब बैठा हैं।

चुप चाँदनी से लिपटा हुआ साया,
हर एक लहर पे अज़ाब बैठा हैं।

आँखों में रह-रह के तूफ़ाँ उठते हैं,
दिल के किनारे एक सराब बैठा हैं।

ना ज़िंदगी, ना मौत की पहचान,
बस वक़्त का इक नक़ाब बैठा हैं।

हर सोच डूबती चली जाती हैं,
जहाँ उम्मीदों का हिसाब बैठा हैं।

सूनी राहों में ख़्वाबों का बसेरा,
हर सुकून पर जख्मों का सवेरा बैठा हैं।

वक़्त जो गुज़रा, लौट कर ना आया,
मोहलतों में बस नक़ाल बैठा हैं।

वो जो रूह हंसता कभी बेफ़िक्री में,
अब ख़यालों में लिपटा हिज्र-ओ-ग़म बैठा हैं।

बेशक हम कह दें।

पलकों पे लाकर बसाए थे हमने सपने,
अब इन सपनों को खुद से परे कह दें।

बिखर जाए अगर ज़िन्दगी कुछ सवालों में,
तो उन उलझनों को भी हम राहे-अमल कह दें।

इस दुनिया से अलग, ज़माने से जुदा कह दें,
अजब कहें, अज़ीम कहें, खुदा का अक्स कह दें।

रंगीन हो अगर आंधियों से सूरत हमारी,
तो इन हवाओं को भी, राहत कह दें।

चाँद से भी हो अगर रौशनी अपनी,
तो हम इस अंधेरे को भी उजाला कह दें।

बहरे आलम से जुदा, खुदा से निकले आहें,
कभी मुरादें, कभी उम्मींदों को हादसे कह दें।

राहों में अगर साथ मेरे परछाई भी दिखे,
तो हम उस साए को भी फरिश्ता कह दें।

हो कभी खोने की चिंता , कभी पाने का हौसला,
तो उस नज़र को भी अपनी तक़दीर कह दें।

जो अधूरे फ़साने हों दिल के किसी कोने में,
हम उन कहानियों को भी मुकम्मल इश्क़ कह दें।

दर्पण में भी गर संगम दिखे हमारा,
तो हम इन ख्वाबों को भी हकीकत कह दें।

कभी किसी राह में जो मिल जाएं वो रहगुजर बन के,
तो हम उस रहगुजर को पूरा कायनात कह दें।

आईना

झूठ भी अब आईने में मुस्कुराता है,
दिल के दरारों को चुपचाप छुपाता है।
दिल की थकन, आँखों की नमी,
हक़ीक़त से कोसों दूर ये नज़ारा है,
जो सच में हूं, वो नज़रों से भी हारा है।

जब भी खुद से मिलने का हौसला किया,
आईने ने मेरा हक़ीक़त से रिश्ता तोड़ दिया।

झूठी मुस्कानों को वो सच मानता है,
और भीतर के ज़ख्मों को अनजान मानता है।
झिलमिल सी आँखों को वो चमक कहता है,
आईना तो बस चेहरा है,
अंतर्मन के चमक को कहा अपनाता हैं।
दिल की थकन, आँखों की नमी,
उसे हर बार वो नज़रअंदाज़ कर जाता है।

आंधियों से कहो हम सिमटने न पाएँ,
टूट जाएँ मगर फिर भी बिखरने न पाएँ।

~ प्रज्ञा द्विवेदी

नाम मेरा "आदमी" हैं।

नाम मेरा 'आदमी' है,
पर अपनी संवेदनाओं को समझने के लिए माँ की ममता की चाहिए।

मैं मर्द हूँ,
पर जब ज़ख्म गहरे होते हैं, तो बहन की दुआएं चाहिए।

हां मैं पुरुष हूँ,
पर घर की खुशियाँ माँ के हाथों में बँधी हैं।

हां मैं बेशक हूं घर का जिम्मेदार बेटा,
पर घर की खुशियों की रोशनी बेटियों की मुस्कुराहट से जगमगाती है।

मैं मर्द हूँ,
पर मेरे चरित्र को संवारती हैं अर्धांगिनी की उम्मीदें।

मैं पुरुष हूँ,
पर मेरे साहस की जड़ें उस हाथ में हैं जो स्त्री मेरी ज़िंदगी को संभालती हैं

हूं पुरुष मैं,
मेरी पहचान में नर्मी और मजबूती का मेल है,
दोस्ती के रंग जो पड़े एक स्त्री के हाथों से ये उनका खेल हैं।

जज़्बा मेरा किसी नर्म दिल के आँचल से पला है, जो सिर्फ़ औरतों में मिलता है।

मेरी जिद वो ज़ंजीरें तोड़ती है, जो महिला की दोस्ती की मिठास।

तो ये कहना गलत नहीं कि मेरे मर्द होने की कहानी में,
सबसे खुशहाल लिखने में हाथ हैं स्त्रियों का मेरी जिंदगानी में।

मेरी कहानी में सिर्फ़ "मैं" नहीं,
बल्कि "हम" है – और वो "हम" हैं मेरे जीवन की स्त्रियाँ।

मेरे संग आज आसमां भी रोया हैं...

घुली हैं साँसों में ग़म की तपिश कुछ,
सिसकते बादलों ने दिल संजोया है।

नयन निर्झर बने, मन विषादमय था,
क्षितिज ने भी व्यथा का राग खोया है।

दिशाएँ मौन हैं, ध्वनि न रहीं इनमें अब,
वक़्त ने भी शोक का रत्न पिरोया है।

ये जो लहरें थीं, सौम्यता का प्रतीक,
अब वेदना का शोर बनके रोया है।

कम्पित धरा, द्रवित नभ का हर कोना,
वियोगिनी रात ने अश्रु संजोया है।

बरसात की बूंदें कर रही हैं शहनाई सी,
मुर्शद ख़ुदा ने भी आज आसमां खोया है।

फ़िज़ा के ये रूखे पत्ते भी सुनते हैं,
किसी ने आज फिर वही घात दोहराया हैं।

चहकती हुई चिड़िया भी आज मौन हैं,
उदास हैं कि कोई आज टूट के रोया हैं।

बहती हुई ये नदियाँ भी आज थमी सी हैं,
जैसे हर लहर में सिहरन को अपनाया हैं।

मेरे संग आज ये मौसम भी रोया है,
लगता है उसने भी कुछ खोया है।

एक तरफ़ ख़्वाब हैं आँखों में
माँ के सपनों को पूरा करने के...
एक तरफ इच्छा हैं हृदय में
की सोऊ ऐसी नींद किसी रोज़
दुबारा ये आँखें न खुलें...
न देखें ये सुबहें, न शामें देखें..
न इंकार देखें, न इंतज़ार देखे
और फिर न देखें इज़हार कभी।

03/06/2025

उन्हें अबतक नहीं हैं कोई ख़बर

जहाँ हँसी थी हार पर, वही अब चौंकते,
उन्हें नहीं थी अपनी भूल की भी ख़बर।

कभी जो तोड़े थे हौसले यूँ ही बातों में,
आज ढूँढते हैं हमारे नक़्श-ए-सफ़र।

वो सोचते थे हम थम जाएँगे एक मोड़ पर,
उन्हें क्या पता था इरादों में है समुंदर।

हमने भी देखे हैं सन्नाटे रातों के,
मगर दिल में जलती रही उम्मीद की शरर।

वक़्त ने बदले हैं चेहरे कई बार,
पर हमने सीखा है पढ़ना हर नज़र।

क़लम थामी थी ज़रा सोचकर ही हमने,
हर लफ़्ज़ देता है अब ज़माने को ख़बर।

जो सोचते थे कि बिखर जाएँगे हम,
उन्हें अब तक नहीं मिली कोई ख़बर।

••••••••

बस चल पड़े हो तो रुकना नहीं,
कभी तो उठेगी क़लम से क़िस्मत की कहानी।
किताबों की ख़ामोशी शोर बन जाएगी कल,
तुम जो आज हार के भी, जीत की कर रहे हो तैयारी।

वक़्त की गर्द में जो खोते नहीं हैं ख़ुद को,
वो ही तो आँधियों में भी हसरत रखते हैं।
वो दो घंटे ही नहीं, हर रात की क़ीमत रखते हैं,
जो ख्वाब आँखों में पलते हैं, वो हिम्मत रखते हैं।

किताबों ने तो रातें निगल लीं चुपचाप,
पर इम्तिहान में बस नज़रों के गवाह मिलते हैं।
कमरे की चारदीवारी में जो उम्रें दफ़न हुई थीं,
इक नतीजे के आगे वो सारे मंज़र बेअसर मिलते हैं।

सालों की मेहनत लिपटती है बस एक लिफ़ाफ़े में,
जिस पर न किस्मत की मोहर होती है, न सिफ़तों की रवानी।

और आख़िर में मन ही मर गया!

ज़िंदगी को सजाया औरों के वास्ते,
अपने हिस्से का चाँद भी मुख़्तसर हों गया।

गुनाह बस इतना किया, कि खुद को ही भुला बैठे,
फिर ज़माने की रज़ा में, खुद से ही फासला हो गया।

लबों पे मुस्कुराहट, दिल में क़यामत थी कभी, पर
अब धड़कनों का सब सुर, ताल से अलग हों गया।

रिवायतों की ज़ंजीर में जकड़े रहें हर ख्वाब मेरे,
उड़ान तो चाही थी, पर आसमान छोटा पड़ गया।

ख़ुद से ही रूठने का एक ख़ास आदाब रहा,
इतना मन मारा कि अब कोई ख़्वाब न रहा।

आँखों में सहेज लीं दुनिया की तामीरें,
और अपने ख्वाबों का ही जनाज़ा उठा लिया।

चूल्हे की आँच में अरमान पिघलते रहे,
हर रोटियों के साथ एक ख़्वाब जलता गया।

ज़हर को भी दवा कहके हर ग़म निगल बैठे,
अब तो ये मन भी खुद से ही नाराज़ हो गया।

सपनों के मेले में सिर्फ़ धूप की ही महफ़िल ज़मीं,
छाँव की चाह में उलझे रहें, सपना धुंध में फिसल गया।

धड़कनों के सुर में कुछ तो उथल-पुथल सी थी,
ज़माने की रवानगी में मेरा जज्बा फिसल गया।

कफ़न सा ओढ़ लिया खामोशियों का मैनें ,
ज़िन्दगी जी भी ली और जिया भी नहीं गया।

अपने आप से रोज़ एक सौदा करती रही,
जिस्म ज़िंदा रहा पर रूह कहीं रुख़सत होता गया।

सलीबें उठती रहीं दिल की हर इक चाह पर,
इतना मन मारा कि आख़िर में मन ही मर गया।

तमन्ना...!!

तमन्ना थी के चाँद छू लाएँ कभी,
हक़ीक़त ने मगर दामन ही भीगा दिया।

अंधेरों में भी जलता रहा कोई दीया,
फिर भी उम्मीद ने हर बार हमें रोशनी दिया।

हसरतें जो दिल में दबी रहीं बरसों,
इल्तिज़ा बनके लबों पे सलीक़ा लिया।

कभी ख़्वाब की मानिंद चमके थे जो रास्ते,
अब उन्हीं में साया-ए-ख़ामोशी दिखा दिया।

फ़ितरत हैं तमन्नाओं की अधूरी रहना,
इन्हीं कमियों ने तो हमें सवेरा दिया।

ज़माने ने देखा बस गिरना हमारा,
हमने फिर भी हर मोड़ पर खुद पे यक़ीन किया।

हर बार टूटी तो हूँ, मगर हारी नहीं,
कोशिशों ने ही मुझको नया वजूद दिया।

वो जो कहते थे — "कुछ भी नहीं हो सकेगा,"
अब उन्हीं की बातों ने मुझे सलीब बना दिया।

तमन्नाओं की कई लाशें उठाई हैं रोज़,
फिर भी सब्र ने वक़्त को भी नया रंग दिया।

मैं स्याही का विस्तार करूं

जब मन की मौन पुकार बढ़े,
लफ़्ज़ों के कंठ सूख जाएँ,
जब छायाएँ मन मंथन बनें,
और साँसों में भी भार चढ़े।

जब दृष्टि धुँधलाई जाए यूँ,
कि अश्रु भी संकोच करें,
और भीतर की टूटी किरचें,
हर सन्नाटे को खोज करें।

जब पीर नयन की देहरी से,
छलके ना पर बह जाए मन,
जब अंतर्मन संकोच करे,
और तर्क सभी निष्प्राण लगें,

जब रातों में नींदें रूठें,
और चाँद भी ना साथ चले,
जब प्रश्नों की भी भीड़ लगे,
पर उत्तर एक न पास मिले।

जब आँखें भी भाषा भूलें,
और थरथराएँ प्रश्न सभी,
जब राग सभी बिसरा दें स्वर,
और भाव स्वयं अनजान लगें।

तब मौन की उस भीड़ तले,
मैं स्याही का विस्तार करूँ,
शब्द नहीं, अनुभूति चुनूँ,
हर मौन को मैं आकार करूँ।

तब ख़ामोशी की तह में जाकर,
मैं शब्दों से संवाद करूँ,
काग़ज़ को प्राण बना करके,
हर पीड़ा को आज़ाद करूँ।।

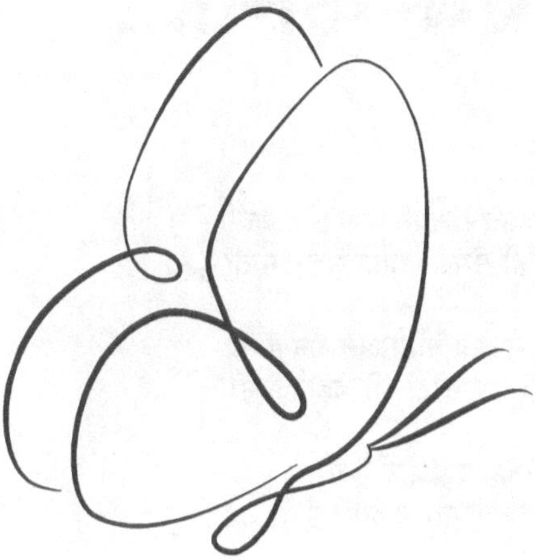

कभी हँसी की चादरों में छिपे हुए दर्द भी बोले हैं,
तो कभी बेजुबान लम्हों ने अफ़साने अकेले ही खोले हैं।
कुछ रिश्ते किताबों से झरते पत्तों-से सूख चले,
कुछ वादे धूप में चलती परछाइयों-से झूठे निकले।
कभी शब्दों में उलझी थी साँसों की तस्वीर,
कभी खामोशी ने कह डाली मन की हर तहरीर।

मन का एक कोना...

जग की रौनक़ों से थककर अपने पास लौट आती हूँ मैं,
ख़ुद की ख़ामोशी में ही सबसे ज़्यादा सुकून पाती हूँ मैं।

दुनिया की रंगीनियों से अब थोड़ी अनजान हूँ मैं,
अपने ही ख़यालों की एक छोटी-सी जहान हूँ मैं।

मोहब्बत के शोर से कहीं दूर ठहरी हूँ मैं,
खुद की तलाश में निकली एक राहगीर हूँ मैं।

जमाने से नहीं, खुद से रिश्ता गहरा है मेरा,
एकांत की चादर ओढ़े, शांत समंदर हूँ मैं।

शोर से भरी दुनिया में ख़ामोश सा एक कोना हूँ मैं,
सबकी नज़रों में भीड़ सही, पर अपने में ही खोई हूँ मैं।

रिश्तों की भीड़ में अब सादगी ढूँढती हूँ मैं,
खुद के ही साए में थोड़ी ज़िंदगी बुनती हूँ मैं।

कोई समझे मुझे, ऐसी उम्मीद अब कम ही रखती हूँ,
अब दिल की बातें काग़ज़ से कह लिया करती हूँ मैं।

मन का एक कोना है जहाँ लौट आती हूँ मैं,
दुनिया से दूर खुद में ही सिमट जाती हूँ मैं।

प्राथमिकताएँ

मनुष्य के जीवन में प्राथमिकताएँ समय के साथ बदलती रहती हैं —
वे उसकी चेतना की अनवरत परिवर्तित होती छायाएँ हैं।

शैशव में खेल और कहानियाँ प्रिय होती हैं,
फिर वही आकांक्षाएँ किताबों के पृष्ठों में सिमट जाती हैं।
ज्ञान की प्यास उसे कल्पना की उड़ान देता है,
और विद्यार्थी अंकों से अर्थ खोजते हुए
नौकरी के स्वप्न में खो जाता है।

मित्रता — जो कभी जीवन का केंद्र होती है —
नवीन संबंधों की आभा में फीकी पड़ने लगती है।
मित्र भी समय के साथ परिवर्तित हो जाते हैं,
जब उनकी प्राथमिकताओं की दिशा बदलने लगती है।

संबंधों की ऊष्मा
धीरे-धीरे औपचारिकता में ढल जाती है।
मित्रता, जो कभी आधार थी,
अब विकल्प बनकर मौन की भीड़ में विलीन हो जाते हैं।

प्रेम — जो कभी रूप में रमणीयता खोजता था,
धीरे-धीरे आत्मा की प्रतिध्वनि बन जाता है।
और फिर वही हृदय,
चरम प्रेम से शून्यता की ओर लौट जाता है।

किशोरावस्था के प्रेम की प्राथमिकता प्रेम से विवाह की ओर,
विवाह से गृहस्थी की जिम्मेदारियों से थकी आँखों तक,
और फिर गृहस्थी से बच्चों की इच्छाओं तक,
प्राथमिकताएँ निरंतर बदलती जाती हैं।

और वृद्धत्व —
जहाँ कभी भविष्य के स्वप्न पलते थे,
अब मृत्यु की नीरव प्रतीक्षा में संकल्पित होता है।
कभी जिन स्वप्नों ने आँखों में चमक भरी थी, अब वे धुंधले होकर स्मृतियों में बदल जाते हैं।
मन शांत क्षणों, आत्मिक शांति और
अपनों की उपस्थिति को सबसे ऊपर रखने लगता है।

और जब जीवन संध्या के समीप पहुँचता है,
तो मोह भी मृत्यु के मौन में विश्राम खोजता है।

नियति की रूखी ठिठुरन तक

शैशव की क्रीड़ा से जिज्ञासा की पुस्तकों तक,
फिर जिज्ञासा से आकांक्षाओं के अमूर्त गगन तक।
आकांक्षाओं से संघर्षों के शून्य भरे पथ तक,
और संघर्षों से स्वप्नों के बिखरे हुए वचन तक।

स्वप्नों से मोहभंग की नीरव उस साँझ तक,
जहाँ धूप भी थककर टिकती है किसी छाँव तक।
एकांत से संवाद की अस्फुट अभिलाषा तक,
फिर उस अभिलाषा से मौन की अपरिभाषा तक।

मित्र की मित्रता से सहचर की सजीव हँसी तक,
फिर हँसी से उलझे मन की अनकही व्यथा तक।
मित्रता से विश्वास के कोमल प्रथम स्पर्श तक,
फिर विश्वास से अविश्वास की अनकही चुभन तक।

कभी मित्रता की मुस्कान से सजे पत्रों तक,
तो कभी प्रेम की पीड़ा से भीगे मन के अंतर तक।
प्रेम से आरम्भ हुए आत्मिक समर्पण तक,
और समर्पण से छूटे हुए अधूरे मिलन तक।

विवाह की वेदी से वचनों की गंभीर गूंज तक,
फिर गूंज से जीवन के कठोर परीक्षणों की धूप तक।
विवाह के बंधन से गृहस्थी की चाकरी तक,
और चाकरी से इच्छाओं की सूखी आंखों तक।

रीत से रीते हुए मन के उस प्रश्न तक,
जहाँ उत्तर भी सिमटते हैं मौन के स्पर्श तक।
मौन से बढ़ते हैं फिर पुनः शब्दों की चाह तक,
और चाह से लौटते हैं फिर उसी विदीर्ण राह तक।

छाँव से फिर स्मृतियों के मौन द्वीप तक,
और स्मृतियों से मृत्यु के अंतिम गीत तक।
बुझते दीपों से आशाओं की अंतिम लौ तक,
जो थरथराती है नियति की रूखी ठिठुरन तक।

जीवन चक्रित होता है हर एक वलय में,
प्रेम, वियोग, मिलन — सब कुछ नियत क्रम तक।
यहां संबंध भी समय के चक्र में पिसते हैं परिवर्तन तक,
और फिर पहुंचते हैं हृदय, नितांत एकांत के द्वार तक।

और कुछ नहीं, तो बस इतना हो...

और कुछ नहीं, तो बस इतना हो
कि जीवन की भागदौड़ में
शेष रह जाए कोई एक आश्वस्त करुण कंधा
जहाँ अपनी व्यथा निःसंकोच टिकाए जा सकें।

कोई ऐसा हो,
जिसकी मौन उपस्थिति भी वाणी से अधिक कह जाए,
जो बिना प्रतिउत्तर के हमारे असंख्य प्रश्नों को
सहज भाव से आत्मसात कर ले।

ऐसी दृष्टि हो,
जिसमें अपने समस्त प्रश्न विसर्जित कर
थोड़ा विश्रान्ति ली जा सके
बिना समाधान की लालसा के।

और कुछ नहीं,
तो हो बस इतना कि
कंधा न सही, कोई स्मृति ही शेष रह जाए
जो उदासी में भी अपनापन दे सके
निस्संकोच, निःशर्त।

कोई ऐसा हो,
जिसके सामने बिखर जाने का हक़ हो
जो बिना कुछ कहे, सब सुन ले
और बिना पूछे, थोड़ा और समीप आ जाए।

कुछ नहीं तो हो एक मौन स्वीकार
जो हमारी अपूर्णताओं को भी
पूर्णता का स्थान दे सके,
और हमारी उपस्थिति को कारण के बिना अपनाए।

बस एक ऐसा स्पर्श
जिसके समीप जाकर हृदय अपनी
उलझनें खोल सके, बिना भय, बिना संकोच
कि मन जब थक जाए अपने ही बोझ से,
तो मिल जाए कोई शांत अधर।

कैसी हैं वह...

कैसी है वह...
ख़ामोशी में भी गीत जैसी,
भीड़ में भी अकेली
अपने जैसी।

थकती है ज़रा-सी बात पर,
फिर भी
हौसले को तकिये की तरह
सीने से लगाए सो जाती है।

टूट कर बिखरती है,
फिर ख़ुद को समेटकर
उम्मीद की सिलाई में
नए ख़्वाब टाँक लेती है।

कभी रूठती है
बादलों की तरह,
कभी बरसती है
बिना बताए।

कैसी है वह...
अधूरी बातों में भी पूरी,
टूटे वाक्यों में भी
कविता जैसी।

उसकी आँखों में
घर करने की चाह,
उसके क़दमों में
दूर निकल जाने की तलब।

उसका इंतज़ार...
बिना घड़ी के,
उसका भरोसा...
बिना शर्तों के।

थक जाती है,
पर हार नहीं मानती
हर रात के बाद
सुबह पर यक़ीन रखती है।

दुनिया से डरती है,
पर सपनों से नहीं
वो आज भी
खुली खिड़की के पास बैठती है।

कभी बरसते फूल, कभी खाली ज़माना।

न हर दिन में बहारें, न हर पल मुस्कान,
कभी सुकून भी थकता है, कभी मुस्कुराता इम्तिहान।

न ठहरा है ये जोवन, न थमी है साँस,
जो आज पास लगता है, कल बन जाता एहसास।

न हर ख़्वाब को आसमान, न हर पर को उड़ान,
कभी बरसात यादों की, कभी सूखा सा मन।

न हर हाथ में तक़दीर, न हर माथे पे ताज,
कभी ख़ामोशी बादशाहत, कभी लफ़्ज़ भी मोहताज।

न हर सफ़र में मंज़िल, न हर मोड़ पे घर,
कभी हाथों में हाथ, कभी विरान सफ़र।

न हर राह संगम, न हर किनारों पे ठिकाना,
कभी बरसते फूल, कभी खाली ज़माना।

मैं...

कभी मैं शब्दों की आंधी,
कभी मैं बिखरी हुई ख़ामोशी बन जाती हूँ।

कभी मैं शब्दों का सफ़र,
कभी मैं उस सफ़र की मंज़िल बन जाती हूँ।

कभी मैं पन्नों में उतरता संगीत,
कभी मैं उन सुरों की गूँज बन जाती हूँ।

कभी मैं सवालों से भरी लंबी रात,
कभी मैं हर सवाल से पहले की ख़ामोशी बन जाती हूँ।

कभी मैं सपनों की कश्ती, झील की रौशनी,
कभी मैं मन के खाली आँगन में हवा बन जाती हूँ।

कभी मैं भीगती शामों का ठहरा हुआ रंग,
कभी मैं उन रंगों की उदासी बन जाती हूँ।

कभी मैं टूटते ख़्वाबों की सिली हुई उम्मीद,
कभी मैं उम्मीदों का बेनाम सा भरोसा बन जाती हूँ।

कभी मैं लिखती हूँ अपनी ही कहानी,
कभी मैं वह कहानी खुद बन जाती हूँ।

कभी मैं अपने भीतर ही एक घर ढूँढती हूँ,
कभी मैं उसी घर की दीवारें बन जाती हूँ।

अमावस

रुक कर देखो चाँद को, वो खुद को सँवार रहा है,
अंधेरों से हार न मानकर रोशनी का जश्न मना रहा है।
उलझनों की घटाओं से जूझ कर भी रोशनी लिख रहा है,
हाँ, वो अँधेरों से लड़ते हुए सब्र का श्रृंगार कर रहा है।
दूर तलक फैली ख़ामोशी में भी संगीत ढूँढ रहा है,
जख़्मों की सिलवटों में भी इश्क़ का रंग घोल रहा है।

अब खुद को ढूंढ़

हर शख़्स यहाँ मौसम-सा बदले,
तू हवा से पहले बदलना सीख ले।

जिस रंग में दुनिया रंगती नहीं तुझे,
उसी रंग को बदलना सीख ले।

ना रुक किसी के इंतज़ार में,
तू सफ़र को रौशन करना सीख ले।

जो नहीं चले तेरे साथ कभी,
उन सायों से हटकर चलना सीख ले।

तुझे हर मोड़ पर परखेंगे लोग,
तू ख़ुद को रोज़ संवारना सीख ले।

ये दुनिया साज़िशों की बस्ती,
यहां ख़ुद को बेमिसाल रखना सीख ले।

जो थामने को हाथ वक़्त पे ना आए,
तू उन हाथों से फिसलना सीख ले।

तू भीड़ में अब खुद को ढूंढ़,
और बस खुद से ही जुड़ना सीख ले।

मुझे जाने दिजिए।

कभी खुद से भी तो हो एक मुख़्तसर सी बात,
लफ़्ज़ों से नहीं, जज़्बात से भी कुछ समझाने दीजिए।

छाँव हर मोड़ पर हो, ये ज़रूरी तो नहीं,
अगर राहों में धूप है, तो हो जाने दीजिए।

जो आँधियों से डर के लौट जाऊँ तो क्या,
कम से कम इन हवाओं को आज़माने दीजिए।

हर मोड़ पर न समझिए कि साथ चाहिए,
कुछ रास्ते अकेले के हैं, मुझे चल लेने दीजिए।

हर तजुर्बा किताबों से नहीं आता,
कुछ सबक ठोकरों से भी मिलने दीजिए।

मैं भीग लूंगी ज़रा बारिश की चोटों में,
छतों की रहमतें न सही, खुला अम्बर तो रहने दीजिए।

हर बार संभलेंगे तो गिरना भूल जायेंगे,
इस बार ज़मीं से मिलने को ठोकर खाने दीजिए।

मंज़िल मिले या न मिले, ये बाद की बात हैं,
इस बार ख़ुद से एक वादा निभाने दीजिए।

नसीहतों की गठरी बहुत भारी हो चली है,
अब बेवजह के बोझ को ज़मीर से हटने दीजिए।

जो थामते हैं हाथ हर घड़ी फ़िक्र में,
उन्हें कहिए, मुझे थोड़ा तज़ुर्बा कमाने दीजिए।

और जो लोग सवालों से मेरी राह रोके खड़े हैं,
उनको जवाब वक़्त देगा, अभी जाने दीजिए।

मैं फ़क़त अपनी जंग लड़ना चाहती हूँ,
हक़ है मुझे भी हार का, आज़माने दीजिए।

मैं भी दरिया हूँ, मुझे भी लहर बनना है,
हर वक़्त साहिल की हद में न बाँधिए, मुझे जाने दीजिए।

मैं स्वयं का स्वीकार हूँ।

ना अब किसी की कैद में हूँ, ना हुक्म की मोहताज़ हूँ,
मैं एक बग़ावत-सी रुह हूँ – मैं अपनी ही आवाज़ हूँ।

ना रुकी किसी मोड़ पर, ना लौटी बीती बातों तक,
मैं अब अपने वजूद की – हर एक सदी की राज़ हूँ।

मैं अब तलाश नहीं करती, मैं अब सवाल नहीं रखती,
मैं अधूरेपन की पूर्णता – मैं खुद में एक महाकाव्य हूँ।

ना अब प्रेम का मापदंड, ना समर्पण की कोई शर्त,
मैं हर बीते प्रश्न की परिणति – मैं स्वयं का स्वीकार हूँ।

अब ना दरकती दीवारों से, ना टूटी छत से डरती हूँ,
मैं अब समंदर सी गहराई – मैं हर आँधी का अंदाज़ हूँ।

मैं अब ना आईनों की मोहताज, ना परखों की ज़द में हूँ,
मैं अब निर्बंध बहती धार – मैं हर पल का विश्वास हूँ।

न अब मंज़िल, न कोई राह तय करनी मुझे,
मैं ही पथ हूँ, मैं ही प्रकाश – मैं अपनी ही आगाज़ हूँ।

अब हर बंधन की बेड़ियाँ, मेरे पाँव की ज़ंजीर नहीं,
मैं सीमाओं की रेखा नहीं – मैं अनंत की परिभाषा हूँ।

ना अब रुकेगा क़लम मेरा, ना सोचों पर पहरा होगा,
मैं विचार की खुली किताब – मैं हर शेर का एहतराम हूँ।

अब इजाज़त की ज़रूरत क्या, जब उड़ना ही इबादत हो,
मैं आसमाँ से पूछूँ क्यों जब – मैं ही अपनी परवाज़ हूँ।

मैं अब नर्म हवाओं-सी नहीं, जो रुख के संग बदल जाए,
ना किसी सोच की बंदिश में हूँ – मैं आज़ाद हूँ।

मैं नज़्म नहीं, इंक़लाब हूँ, मैं अशआर नहीं, अहसास हूँ,
मैं अब किसी का हिस्सा नहीं – मैं अपनी मुकम्मल तलाश हूँ।

शहर कितने भी बदल लूँ, लोग कितने भी नए हों,
एक कोना दिल में अब भी मेरे घर का रहता है।

खुद को बेफ़िक्र हवा में उड़ाया जाए।

वक़्त की धूल जब भी बैठे ज़रा,
कुछ पुराने निशान देखा जाए।

अब भरोसा किनारों पे क्या रखें,
लहरों में ही सफ़र किया जाए।

भीड़ में खो न जाएँ ख़्वाब कहीं,
हर ख़्वाब पे निगहबान किया जाए।

जो बोझ पुराने यादों का रहा,
उसे दिल से अब रवाना किया जाए।

अधूरे किस्सों की क़ैद से निकल,
नई दास्ताँ का अरमान लिखा जाए।

रातों की स्याही से डर कैसा,
इन अंधेरों को आसमान किया जाए।

और जब मिले सुकून की हल्की सी हवा,
खुद को बेफ़िक्र हवा में उड़ाया जाए।

हम चल पड़े हैं...

और हम–
अपने ही शहर में अजनबी, पराए सफ़र में मुसाफ़िर,
जेब में पुराने टिकट, दिल में नए पते लिए हुए,
लबों पर एक आधी मुस्कान, आँखों में सदियों की नमी
चल पड़े हैं हर रुख़्सत में एक मुलाक़ात का वादा लिए हुए।

हम चल पड़े हैं–
सड़क के हर मोड़ पर अपने ही साए से मिलते हुए,
धूल में लिपटे क़दम, पर उम्मीद में भीगे हुए,
थकान से भारी पलकों में सपनों का उजाला लिए हुए,
और भीड़ में भी किसी अपने की तलाश करते हुए।

चल पड़े हैं–
ख़ुद से मिलने की उम्मीद में दूर निकलते हुए,
शहर की रौशनी में अपना ही साया तलाशते हुए,
दिल की जेब में बचपन के सिक्के संभालते हुए,
थोड़ी थकान, थोड़ी जिज्ञासा, थोड़ा सन्नाटा साथ लिए हुए।

और हम चल पड़े हैं–
अजनबी रास्तों पर अपनी पहचान ढूँढ़ते हुए,
अलविदा की गूँज में मुलाक़ात के गीत गुनगुनाते हुए,
ख़ामोशी की जेब में हज़ार अनकहे अल्फ़ाज़ छुपाए हुए,
और हर मोड़ पर घर लौटने
का ख़्वाब संजोए हुए।

शहर की तेज रफ़्तार में

शहर की तेज़ रफ़्तार में सब भागते हैं,
पर कोई भी ठहरकर हाल नहीं पूछता।

यहाँ हर चेहरा अपने में उलझा है,
पर किसी आँख में पहचान की चमक नहीं।

गाड़ियाँ दौड़ती हैं, पर रिश्ते ठहर गए हैं,
कदम बढ़ते हैं, पर दिल पीछे छूट गया है।

यहाँ दिन निकलते हैं सिर्फ़ काम गिनने के लिए,
रातें आती हैं थकान सुलाने के लिए।

शहर की गलियाँ उजली हैं, रोशन हैं,
पर उनमें अपना सा अँधेरा नहीं मिलता।

पुष्प

पुष्प नहीं, कीमती होती हैं वो हथेलियां,
जो बिन कहें, बिन सोचे,
बस थमा जाते हैं थोड़ा सा प्रेम।

पुष्प मुरझा जाते हैं वक़्त की हवा में,
पर महक रह जाती है उन हथेलियों की, उन चेहरों की।

जो हाथ फूलों से भरे आते हैं,
और भर देते हैं मुस्कान लोगों के दिलों में,

कीमती होते हैं
वो लोग...
पुष्प से भी ज़्यादा,
खुशबू से भी ज़्यादा।

वह कवि नहीं, वह भाव नहीं...

वह पथिक नहीं, वह गतिक नहीं
जो कांटों से घबराकर मुड़ जाए,
वह मंज़िल भी क्या मंज़िल है
जो सरल कदमों से ही मिल जाए।

वह मंज़िल क्या, वह हासिल क्या
जो बिना तपे सहज मिल जाए,
वह दीप वही, वह लौ वही
जो आँधियों में भी जल जाए।

वह स्वप्न नहीं, वह लक्ष्य नहीं
जो नींदों में ही सिमट जाए,
वह पंख वही, वह रंग वही
जो आकाशों को छू आए।

वह हृदय नहीं, वह प्राण नहीं
जो आँधी में खुद ही खो जाए।
वह जिद वही, वह जुनून वही
जो हर हद को पार कर जाए।

वह सोच नहीं, वह खोज नहीं
जो सीमाओं में बंध जाए,
वह संकल्प वही, वह विकल्प वही
जो तूफ़ानों में भी निखर जाए।

वह शौर्य नहीं, वह धैर्य नहीं
जो संकट से घबरा जाए,
वह वीर नहीं, वह तीर नहीं
जो लक्ष्य बिना ही चल जाए।

वह कर्म नहीं, वह धर्म नहीं
जो स्वार्थ में ही सिमट जाए,
वह जीत नहीं, वह प्रीत नहीं
जो पहली ठोकर में बिखर जाए।

वह कलम नहीं वह व्यथा नहीं
जो मौन को कह न पाए,
वह कवि नहीं, वह भाव नहीं
जो टूटकर भी खिल न पाए।

हम जैसों को तो अपना यार जरुरी हैं।

लफ़्ज़ हर बार साथ नहीं देते,
कभी ख़ामोशी का कहना ज़रूरी है।

हर बार लफ़्ज़ों से क्या कहें साहिब,
कभी आँखों का भी कहना ज़रूरी है।

ख़ामोशी भी हद से गुज़र जाए तो,
टूटने से पहले रोना भी ज़रूरी है।

थक गए हों तो ठहरना ज़रूरी है,
कुछ सफ़र में रुकना भी ज़रूरी है।

दरमियाँ कुछ तो होना ज़रूरी है,
कुछ ख़ामोशियों का ठहरना ज़रूरी है।

पुरानी यादें जब दस्तक दें धीरे,
तो उनका मुस्कुराना ज़रूरी है।

टूटे हुए पलों की उदास तस्वीरों को,
फिर से थोड़ा संवारना ज़रूरी है।

सर्द शामें, चाय, कुछ मीठी यादें ज़रूरी हैं,
हम जैसों को तो अपना यार जरुरी हैं।

अबके सावन में वह अपनापन नज़र आया ही नहीं,
रिवायत का वो जश्न, अब यादों के मेलों में कैद है।

अब रिश्तों के सिलसिले यूँ कहाँ आ गए हैं,
कि राखी अब काग़ज़ के फेरों में कैद है।

9 अगस्त 2025

छूट गया कुछ....

छोड़ आई हूँ मैं आँगन की वो धूप सुनहरी,
जहाँ हर कोना मेरे गीत गाया करता था।

छूट गई वो रसोई की महकती खुशबू,
पीछे रह गई मेरी माँ के हाथ की वो रोटियां।

छूट गया पापा का वो दरवाज़े तक छोड़ना,
और दूर तक मुझे जाते हुए देखना।

रह गई आँगन में वो तुलसी की छाँव,
जहाँ माँ हर शाम दीप जलाया करती थी।

छूट गई वो रातें, जब नींद से पहले
माँ की हथेलियों का स्पर्श सिरहाने होता था।

रह गए पीछे कुछ यार, वो हँसी के मेले,
रह गईं गलियों में हमारी वो शरारतें।

छूट गया यारों का कंधा, जिस पर सिर रखकर
हर ग़म आधा हो जाया करता था।

छूट गई दीवारों पर टंगी वो पुरानी तस्वीरें,
जिनमें हर लम्हा मेरी मुस्कान कैद है।

छूट गई वो छत, जहाँ चाँद से बातें होती थीं,
और तारे मेरी हर फ़रियाद सुना करते थे।

रह गई अलमारी में वो चंद किताब,
उसमें रखे वो गुलाब जो अब भी मुस्कुराते होंगे।

रह गया उस घर में मेरा एक हिस्सा,
जो हर त्योहार पर चुपचाप मुझे ढूँढता होगा।

छूट गया घर का दरवाज़ा, वो मीठी खटखट,
और खिड़की, जो हवाओं में मेरा राज़ सुनती थी।

मन और मौन की गुफ्तगू.....

कितना कुछ पीछे छोड़ आता है इंसा,
जब अपना आशियाँ छोड़ पराए शहर चला जाता है....
अतीत के आँगन में ठिठका बचपन, साँझ की वह छत,
प्रत्येक चिह्न, हृदय के पृष्ठों पर अंकित रह जाता है.....

पीछे छूट जाती है माँ, और माँ के हाथों की रोटियां
छूट जाती है रसोई की वह खनक, माँ की वो आवाज़,
जो रसोई से पुकारते हुए हमें घर बुला लिया करती थी.....

पीछे रह जाता है बचपन, घर-आँगन में गूंजती खिलखिलाहट
पीछे छूट जाती है बचपन की वो अल्हड़ सी हँसी,
और बेफ़िक्र हवाओं के संग उड़ने की आज़ादी ....

पीछे रह जाता है घर, अलमारी का वह पुराना सा दराज़,
और घर का हर वो कोना जो अपना था,
पीछे रह जाती हैं दीवारों पर टंगी तस्वीरें,
जिनमें ज़माना ठहरा था....

छूट जाता है वो मोहल्ला, जिसके हर मोड़ पर पहचान थी,
छूट जाती है वो गली, जहाँ कदमों की आहट भी पहचान ली जाती थी......
रह जाता हैं पीछे त्योहारों में सजे दरवाज़ों का शृंगार,

पीछे छूट जाते हैं वो चंद यार, अपनी सी महफिलें
अपना अफ़साना और स्कूल के वो रास्ते,
जहाँ दोस्तों के संग चलते-चलते मंज़िल छोटी लगती थी....

पीछे रह जाती हैं आँगन की तुलसी,
वो मिट्टी की खुशबू , होली के रंग
त्योहारों की रौनक और बरसों पुराना नीम का इक दरख़्त...

पीछे छूट जाती हैं वो शामें, सुबह का वह अख़बार,
छूट जाती हैं मिठास उस कड़क सी चाय की
और छूट जाता हैं वो छत जहां पर बैठकर सपनों की बातें होती थीं...

पीछे छूट जाती है गली के किनारे खिला वह गुलमोहर,
जो हर बसंत में घर लौटने का बुलावा देता हैं....
और छूट जाता हैं घर का चौखट,
जो हर लौटने
वाले का इंतज़ार करता हैं....!

मैं हूं... बस और कुछ नहीं

जुबां बंद है पर दिल में तूफां हैं,
मैं साज हूं मगर बेज़ुबां नहीं हूं।

मैं खामोशी में भी शोर सुनती हूं,
ना टूटती हूं, बस नए सफ़र चुनती हूं।

राहों में कांटे बहुत मिले,
फिर भी अपने रंगों की माटी हूं।

हर रोज़ खुद से लड़ती हूं,
मैं हार नहीं, कोशिश हूं।

ज़िंदगी की इस भीड़ में कहीं खोती नहीं,
मैं वो चिंगारी हूं जो बुझती नहीं।

किसी की बंदिशों में बंधती नहीं,
मैं खुली हवा, अनजानी कहानी हूं।

मुझे न तोल मेरी खामोशियों से,
मैं अल्फ़ाज़ नहीं, अहसास हूं।

मैं चलती हूं ख्वाबों की नमी से,
और टूट भी जाऊं तो किरचों से चुभती हूं।

मैं सज़ा नहीं, सिखावन हूं,
मैं कोई पल नहीं, पूरा जीवन हूं।

मैं खुद में ही एक कारवां हूं,
ना तन्हा
हूं, ना भीड़ का हिस्सा हूं।

झूमती है हवाओं में पर सिमटी सी लगती है वो...
चमकती है दीपों सी, मगर अंधेरों से लड़ती है वो...
ख़्वाबों की उड़ान भरती है वो...
हर मंज़िल को छूने की ताक़त रखती है वो...
अपने हौसले की मिसाल बनकर चलती है वो...
हर गिरावट से उठकर फिर से खिलती है वो...
जीवन के रंगों को भरती है वो...
हर मोड़ पर अपने सपनों को संजोती है वो...
हर तूफान में भी मसरूर, बेमिसाल ख़ुदगर्व है वो...
अपनी हक़ीक़त खुद लिखती, अपने मुक़द्दर की रचना है वो...
बुझते दीयों को फिर से जलाए ऐसे उम्मीद की ज्वाला है वो....

बेमिसाल हो माँ आप,
कैसे सिर्फ़ लफ़्ज़ों में उतार दूं,
हर सफ़हा कम पड़े, कैसे हों में ढाल दूं?

आपकी हकीकत को तख़्ती पर लिखना आसां नहीं,
फिर भी लफ़्ज़ों को आपके चरणों मैं कुर्बान कर दूं।

आपकी ममता, आपका साया, आपकी इनायत,
इनको महज़ एक किताब कैसे कर दूं?

आपके समग्र प्रेम को हर्फ में ढालना मेरे बस में नहीं,
फिर भी, आपकी शान में लफ़्ज़ों को भी गुलाम कर दूं।

“अगर इन पन्नों में मैं कहीं बिखरी हूँ,
तो माँ, तुम ही मेरी सबसे सजी हुई किताब हो...”

माँ, तुम ही मेरी सबसे गहरी व्याख्या हो...

प्रिय पाठकों!

अगर इन कविताओं में तुम्हें कोई अपना सा लगे,
तो समझना हम सब थोड़े से एक जैसे हैं...

और,
अगर इन पन्नों में कहीं तुम खुद को पा सको,
तो समझना, ये किताब तुम्हारी भी हैं...

www.ingramcontent.com/pod-product-compliance
Lightning Source LLC
LaVergne TN
LVHW100333210926
848480LV00003B/1326
9798904317805